The Raigne Of King Edward the third
Die Regierung des Königs Edward III.

William Shakespeare

The Raigne Of King Edward the third
Die Regierung des Königs Edward III.

Titelbild:
Jochen Povote in der Rolle König Edwards III.
Deutschsprachige Erstaufführung
Bühnen der Stadt Köln, Spielzeit 1999/2000
Regie Frank-Patrick Steckel
Foto Klaus Lefebvre

Rückseite: Karl Kraus, Postskriptum zum letzten Brief
an Sidonie Nádherny vom 15./16.5.1936
aus: Karl Kraus, Briefe an Sidonie Nádherny von Borutin 1913-1936
Hg. von Friedrich Pfäfflin © Wallstein Verlag, Göttingen 2005
Reproduktion mit freundlicher Genehmigung
des Brenner-Archivs, Universität Innsbruck

Bühnenrechte beim Verlag der Autoren

© Verlag Uwe Laugwitz,
D-21244 Buchholz in der Nordheide, 2023

ISBN 9783-933077-68-4

Inhalt

The Raigne of King Edward
the third

Die Regierung des Königs Edward III.

Enter King Edward, Derby, Prince Edward, Audely
and Artoys.

King.
    RObert of Artoys banisht though thou be,
    From Fraunce thy natiue Country, yet with vs,
    Thou shalt retayne as great a Seigniorie:
    For we create thee Earle of Richmond heere,
    And now goe forwards with our pedegree,
    Who next succeeded Phillip of Bew,
Ar. Three sonnes of his, which all successefully,
    Did sit vpon their fathers regall Throne:
    Yet dyed and left no issue of their loynes:
King: But was my mother sister vnto those:
Art: Shee was my Lord, and onely Issabel,
    Was all the daughters that this Phillip had,
    Whome afterward your father tooke to wife:
    And from the fragrant garden of her wombe,
    Your gratious selfe the flower of Europes hope:
    Deriued is inheritor to Fraunce.
    But not the rancor of rebellious mindes:
    When thus the lynage of Bew was out;
    The French obscurd your mothers Priuiledge,
    And though she were the next of blood, proclaymed
    Iohn of the house of Valoys now their king:
    The reason was, they say the Realme of Fraunce,
    Repleat with Princes of great parentage,
    Ought not admit a gouernor to rule,
    Except he be discended of the male,

Erster Akt
1. Szene

König Edward, Derby, Prinz Edward, Audley, Artois,
Warwick, Lorraine

KÖNIG EDWARD Robert von Artois, wenngleich verbannt
Aus Frankreich, Eurem Heimatland, sollt Ihr
Bei uns doch gleiche Herrschgewalt behalten,
Denn wir ernennen Euch zum Grafen Richmond.
Nun fahrt in unsrer Ahnentafel fort:
Philip dem Schönen folgte wer?

ARTOIS   Drei Söhne,
Die nacheinander seinen Thron bestiegen,
Und starben, ohne Erben sich zu zeugen.
KÖNIG EDWARD Und deren Schwester nun war meine Mutter?
ARTOIS Das war sie, Herr, und außer Isabel
Ward diesem Philip keine weitere Tochter;
Nachmals nahm Euer Vater sie zur Frau,
Und aus dem Würzbeet ihres Schoßes wuchs
Und erblühte uns Europas Hoffnung,
Euer Gnaden selbst, der Erbe Frankreichs.
Doch seht, was Neid bei Wirrköpfen vermag:
Kaum war Philips Linie so erloschen,
Verdunkeln die Franzosen Eurer Mutter
Vorrecht, und, wiewohl dem Blut nach sie
Zunächst kommt, ruft man John von Valois
Zum König aus. Und die Erklärung lautet,
Daß über Frankreich, voll von hoch Gebornen,
Als Herrscher nur ein Mann regieren dürfe,
Der aus der Manneslinie stammt; das ist

And thats the speciall ground of their contempt:
Wherewith they study to exclude your grace:
But they shall finde that forged ground of theirs,
To be but dusty heapes, of brittile sande.
Art: Perhaps it will be thought a heynous thing,
That I a French man should discouer this,
But heauen I call to recorde of my vowes,
It is not hate nor any priuat wronge,
But loue vnto my country and the right,
Prouokes my tongue thus lauish in report.
You are the lyneal watch men of our peace,
And Iohn of Valoys, in directly climbes,
What then should subiects but imbrace their King,
Ah where in may our duety more be seene,
Then stryuing to rebate a tyrants pride,
And place the true shepheard of our comonwealth,

King: This counsayle Artoyes like to fruictfull shewers,
Hath added growth vnto my dignitye,
And by the fiery vigor of thy words,
Hot courage is engendred in my brest,
Which heretofore was rakt in ignorance,
But nowe doth mount with golden winges of fame,
And will approue faire Issabells discent,
Able to yoak their stubburne necks with steele,
That spurne against my souereignty in France. *sound a horne*

A messenger, Lord Awdley know from whence,
                    Enter a messenger Lorragne,
Aud: The Duke of Lorrayne, hauing crost the seas,
In treates he may haue conference with your highnes.

Der schlau erdachte Grund für die Mißachtung,
Mit der sie Euer Gnaden übergehn.
KÖNIG EDWARD Sie werden sehn, daß ihr gefälschter Grund
Aus staubgen Haufen losen Sands besteht.
ARTOIS Es mag als ein verwerflich Ding erscheinen,
Daß ich, der ein Franzose, dies entdecke;
Doch rufe ich den Himmel mir zum Zeugen
Meines Schwurs: nicht Haßgefühle, noch
Erlittnes Unrecht lassen meine Zunge
Freigiebig hier berichten, vielmehr Liebe
Zu meinem Vaterland und dem, was Recht ist.
Ihr seid unsres Landesfriedens an-
Gestammter Hüter, John von Valois
Steigt ohne Anspruch auf. Ein Untertan,
Muß er nicht seinem König zugehören?
Ah, wann erfülln wir schöner unsre Pflicht,
Als wenn wir wider den Tyrannen streiten,
Um unsern wahren Hirten einzusetzen?   [Regen,
KÖNIG EDWARD Dein Zuspruch läßt, Artois, gleich einem
Fruchtbringend mir die Herrscherwürde wachsen,
Und an deiner Rede Glut entzündet
Mir in der Brust die heiße Kühnheit sich,
Die eben noch in dumpfem Schlaf sich wälzte,
Doch auf des Ruhmes goldnen Schwingen nun
Emporsteigt, Isabel groß zu vertreten,
Und meine Abkunft, und in Stahl und Eisen
Die frechen Nacken schirrt, die meine Hoheit
Mir in Frankreich streitig machen möchten.
Ein Botschafter. Wo kommt er her, Lord Audley.

AUDLEY Der Herzog von Lorraine, nach Überquerung
Des Kanals, ersucht um Audienz.

King: Admit him Lords, that we may heare the newes.
Say Duke of Lorrayne wherefore art thou come.
Lor. The most renowned prince K. Iohn of France,
Doth greete thee Edward, and by me commandes,
That for so much as by his liberall gift,
The Guyen Dukedome is entayld to thee,
Thou do him lowly homage for the same.
And for that purpose here I somon thee,
Repaire to France within these forty daies,
That there according as the coustome is.
Thou mayst be sworne true liegeman to our King,
Or else thy title in that prouince dyes,
And hee him self will repossesse the place.
K. Ed: See how occasion laughes me in the face,
No sooner minded to prepare for France,
But straight I am inuited, nay with threats,
Vppon a penaltie inioynd to come:
Twere but a childish part to say him nay,
Lorrayne returne this answere to thy Lord,
I meane to visit him as he requests,
But how? not seruilely disposd to bend,
But like a conquerer to make him bowe,
His lame vnpolisht shifts are come to light,
And trueth hath puld the visard from his face,
That sett a glasse vpon his arrogannce,
Dare he commaund a fealty in mee,
Tell him the Crowne that hee vsurpes, is myne,
And where he sets his foote he ought to knele,
Tis not a petty Dukedome that I claime,
But all the whole Dominions, of the Realme,
Which if with grudging he refuse to yeld,

KÖNIG EDWARD Lords, laßt ihn vor, daß wir die Nachricht
Nun, Herzog, sprecht, was hat Euch hergeführt. [hören.
LORRAINE König John von Frankreich läßt Euch grüßen,
Und durch mich, was er befiehlt, Euch wissen:
Daß, Edward, Ihr, insofern seine Großmut
Euch das Herzogtum Gyenne verlieh,
Dafür vor ihm das Knie in Demut beugt.
Und zu dem Zweck bestelle ich Euch hiermit
In vierzig Tagen ein vor Frankreichs Thron,
Auf daß Ihr, wie es Brauch und Sitte ist,
Dem König Euren Lehnseid schwört. Wo nicht,
Habt Ihr um die Provinz Euch selbst gebracht,
Und er nimmt sie von neuem in Besitz.
KÖNIG EDWARD Seht, wie die Gelegenheit mir lacht:
Kaum rüste ich zur Frankreichfahrt, schon werde
Ich eingeladen – nein, man droht mir gar
Mit Bestrafung, wenn ich nicht gleich komme!
Nachgerade kindisch wärs, ihm abzusagen.
Lorraine, bring deinem Herrchen diese Antwort:
Ich komme ihn besuchen, da ers wünscht –
Nur wie? Gefaßt, mich sklavisch zu verneigen,
Nicht, doch als ein Kriegsherr, welcher macht,
Daß er sich bückt: am Tag sind seine lahmen,
Ungeschliffnen Kniffe, Wahrheit reißt ihm
Die Maske vom Gesicht, die seinen Hochmut
In falschem Glanz verbarg. Er hat die Stirn,
Mich als Vasallen zu sich zu befehlen?
Sag ihm, die Krone, die er stahl, ist mein,
Und wo er mächtig auftritt, sollt er knien:
Nicht hübsch ein Herzogtum ist, was ich fordre,
Ich fordere das Reich, und grummelt er,
Und ist nicht willens, es herauszurücken,

Ile take away those borrowed plumes of his,
And send him naked to the wildernes.
Lor. Then Edward here in spight of all thy Lords,
I doe pronounce defyaunce to thy face.
Pri: Defiance French man we rebound it backe,
Euen to the bottom of thy masters throat,
And be it spoke with reuerence of the King,
My gratious father and these other Lordes,
I hold thy message but as scurrylous,
And him that sent thee like the lazy droane,
Crept vp by stelth vnto the Eagles nest,
From whence wele shake him with so rough a storme,
As others shalbe warned by his harme,

War. Byd him leaue of the Lyons case he weares,
Least meeting with the Lyon in the feeld,
He chaunce to teare him peecemeale for his pride.
Art: The soundest counsell I can giue his grace,
Is to surrender ere he be constraynd.
A voluntarie mischiefe hath lesse scorne,
Then when reproch with violence is borne,
Lor. Regenerate Traytor, viper to the place,
Where thou was fostred in thine infancy:
Bearest thou a part in this conspiracy?
He drawes his Sword.
K. Ed. Lorraine behold the sharpnes of this steele:
Feruent desire that sits against my heart,
Is farre more thornie pricking than this blade.
That with the nightingale *I* shall be scard:
As oft as I dispose my selfe to rest,
Vntill my collours be displaide in Fraunce:
This is thy finall Answere, so be gone.

Nehm ich ihm die geborgten Federn weg,
Und schick ihn in die Wüste splitternackt.
LORRAINE Dann, Edward, spreche ich, vor deinen Lords,
In dein Gesicht dir unsern Abscheu aus.
PRINZ Abscheu, Franzose? Wir erwidern ihn,
Bis tief hinein in deines Herren Hals;
Und – in Ehrerbietung vor dem König,
Meinem Vater, und den andern Lords hier
Sei es gesagt – ich sehe deinen Auftrag
Samt dem, der ihn dir gab, als Unding an,
Wie eine Drohne, die verstohlen sich,
Und faul, in einem Adlerhorst verkroch,
Aus dem sie unser Sturm so unsanft fegt,
Daß ihr Los nicht zur Nachahmung bewegt.
WARWICK Laßt ihn nur erst die Löwenhaut ausziehn,
Daß nicht der Löwe, treffen sie im Feld sich,
Für seinen Dünkel ihn in Stücke reißt.
ARTOIS Ich kann dero Gnaden nur empfehlen,
Einzulenken, ehe man ihn nötigt.
Wer gleich sich schämt, hat weniger Verdruß,
Als der, den mit Gewalt man zwingen muß.
LORRAINE Verkommener Verräter, Schlange du
Dem Busen jenes Landes, das dich nährte!
Du brachtest die Verschwörer auf die Fährte.

KÖNIG EDWARD Sieh diesen Stahl, Lorraine, merk seine
Ein herzbeklemmend hitziges Verlangen   [Schärfe:
Sticht mich weit dorniger als diese Klinge,
Daß, gleich der Nachtigall, ich mich verwunde,
Sooft ich mich zur Ruhe legen will,
Bis meine Farben über Frankreich wehn.
Das ist mein letztes Wort; und somit geh.

Lor. It is not that nor any English braue,
    Afflicts me so, as doth his poysoned view,
    That is most false, should most of all be true.
K. *Ed.* Now Lord our fleeting Barke is vnder sayle:
    Our gage is throwne, and warre is soone begun,
    But not so quickely brought vnto an end.
                Enter Mountague.
Moun. But wherefore comes Sir william Mountague?
    How stands the league betweene the Scot and vs?
Mo: Crackt and disseuered my renowned Lord:
    The treacherous King no sooner was informde,
    Of your with drawing of your army backe:
    But straight forgetting of his former othe,
    He made inuasion on the bordering Townes:
    Barwicke is woon, Newcastle spoyld and lost,
    And now the tyrant hath beguirt with seege,
    The Castle of Rocksborough, where inclosd,
    The Countes Salsbury is like to perish:
King. That is thy daughter Warwicke is it not?
    Whose husband hath in Brittayne serud so long,
    About the planting of Lord Mouneford there?
War. It is my Lord.
Ki: Ignoble Dauid hast thou none to greeue,
    But silly Ladies with thy threatning armes
    But I will make you shrinke your snailie hornes,
    First therefore Audley this shalbe thy charge,
    Go leuie footemen for our warres in Fraunce;
    And Ned take muster of our men at armes,
    In euery shire elect a seuerall band,
    Let them be Souldiers of a lustie spirite,
    Such as dread nothing but dishonors blot,
    Be warie therefore since we do comence,

LORRAINE Das nicht, und auch sonst kein englisch Drohen
    Ist mir wie dieser Anblick hassenswert:
    Ein Mann, der Treue um in Falschheit kehrt.
KÖNIG EDWARD Nun, Lords, geht unsre Flotte unter Segel:
    Der Handschuh ist geworfen, bald ist Krieg,
    Den man so bald nicht an sein Ende bringt.

    Doch warum naht Sir William Montague?
    Wie stehts um unsre Liga mit den Schotten?
MONTAGUE Zerbrochen und zerfalln, mein edler Fürst:
    Kaum vernahm der abtrünnige König,
    Daß Ihr die Heeresmacht zurückgezogen,
    Als er auch schon, den Bündniseid vergessen,
    Grenzstadt nach Grenzstadt überfiel: erobert
    Hat er Berwick, Newcastle geschleift,
    Und jetzt belagert er Burg Roxborough,
    Wo, eingeschlossen, wie sie ist, die Gräfin
    Von Salisbury zugrunde gehen muß.
KÖNIG EDWARD Deine Tochter, Warwick, hab ich recht?
    Ihr Gatte dient schon lang in der Bretagne,
    Mir Herzog Montfort sattelfest zu machen.
WARWICK Ganz recht, Mylord.
KÖNIG EDWARD David, du Hundsfott, willst du deine Lanze
    Jetzt vor den Augen zarter Ladies schütteln?
    Ich werde dir dein Schneckenhorn schon schrumpfen!
    Zuvörderst, drum, ist, Audley, dies dein Auftrag:
    Heb Fußvolk aus für unsern Krieg in Frankreich;
    Und, Ned, du musterst waffenfähige Männer,
    Aus jeder Grafschaft eine eigne Truppe,
    Und sorg mir für Soldaten mit viel Kampfgeist,
    Die nichts mehr fürchten als die Niederlage;
    Sei wachsam, denn wir fangen einen Krieg an,

17

A famous Warre, and with so mighty a nation:
Derby be thou Embassador for vs,
Vnto our Father in Law the Earle of Henalt:
Make him acquainted with our enterprise,
And likewise will him with our owne allies,
That are in Flaundsrs, to solicite to,
The Emperour of Almaigne in our name:
Myselfe whilst you are ioyntly thus employd,
Will with these forces that I haue at hand,
March, and once more repulse the trayterous Scot:
But Sirs be resolute, we shal haue warres
On euery side, and Ned, thou must begin,
Now to forget thy study and thy bookes,
And vre thy shoulders to an *A*rmors weight.
Pr. As cheereful sounding to my youthfull spleene,
This tumult is of warres increasing broyles,
*A*s at the Coronation of a king,
The ioyfull clamours of the people are,
When *Aue Caesar* they pronounce alowd;
Within this schoole of honor I shal learne,
Either to sacrifice my foes to death,
Or in a rightfull quarrel spend my breath,
Then cheerefully forward ech a seuerall way,
In great affaires tis nought to vse delay.

Exunt.

Enter the Countesse.

*A*las how much in vaine my poore eyes gaze,
For souccour that my soueraigne should send;

An den man denken wird, mit einer Großmacht.
Derby, als mein Botschafter reist du
Zu meinem Schwiegervater, Graf Hainault:
Mach ihn vertraut mit unsrer Unternehmung,
Bring ihn dazu, mit den Verbündeten
In Flandern ein Gesuch in unserm Namen
An den deutschen Kaiser abzufassen.
Ich selbst will, während ihr all dies betreibt,
Mit marschfertigen Truppen noch einmal
Den abgefallnen Schotten schlagen. Lords,
Beherztheit! Krieg gilt es zu führen
Nach allen Seiten; Ned, es wird nun Zeit,
Das Grübeln und die Bücher zu vergessen,
Und einer Rüstung Schwergewicht zu schultern.
PRINZ Mir klingt, in meinem Übermut, der Kriegslärm,
Der sich um uns erhebt, so freudevoll,
Wie an dem Krönungstag des Volkes Jubel,
Wenn alles lauthals ›Ave Caesar‹ schreit.
In dieser Ehrenschule will ich lernen,
Entweder meine Feinde zu verderben,
Oder in gerechtem Krieg zu sterben.
Was ihm obliegt, soll jeder froh besorgen:
Groß Ding will heut getan sein und nicht morgen.

2. Szene

Gräfin von Salisbury.

GRÄFIN Ach, wie so ganz vergebens späht mein Auge
Nach Rettung aus, die mir mein König sendet!

A cosin Mountague, I feare thou wants,
The liuely spirirt sharpely to solicit,
Wth vehement sute the king in my behalfe:
Thou dost not tell him what a griefe it is,
To be the scornefull captiue to a Scot,
Either to be wooed with broad vntuned othes,
Or forst by rough insulting barbarisme:
Thou doest not tell him if he heere preuaile,
How much they will deride vs in the North,
*A*nd in their vild vnseuill skipping giggs,
Bray foorth their Conquest, and our ouerthrow,
Euen in the barraine, bleake and fruitlesse aire,

       Enter Dauid and Douglas, Lorraine.

I must withdraw, the euerlasting foe,
Comes to the wall, Ile closely step aside,
And list their babble blunt and full of pride.

K. *Da*: My Lord of Lorrayne, to our brother of Fraunce,
     Commend vs as the man in Christendome,
     That we must reuerence and intirely loue,
     Touching your embassage, returne and say,
     That we with England will not enter parlie,
     Nor neuer make faire wether, or take truce,
     But burne their neighbor townes and so persist,
     With eager Rods beyond their Citie Yorke,
     And neuer shall our bonny riders rest:
     Nor rust in canker, haue the time to eate,
     Their light borne snaffles, nor their nimble spurre
     Nor lay aside their Iacks of Gymould mayle,
     Nor hang their staues of grayned Scottish ash,
     In peacefull wise, vpon their Citie wals,
     Nor from their buttoned tawny leatherne belts,

O Neffe Montague, ich fürchte, dir ermangelt
Der frische Mut, mit scharfem Ungestüm
Den König zu bedrängen meinethalb.
Du sagst ihm nicht, welch Grauen es bedeutet,
Als Raubgut eines Schotten fortzuleben,
Und wenn durch plumper Schwüre Mißton nicht
Besiegt, dann roh geschändet sich zu finden;
Du sagst ihm nicht, wie sie uns hier im Norden,
Geht dem das durch, mit Spott verfolgen werden,
Und, in ihren wüsten Hüpfgesängen,
Mit ihrer Großtat prahlen, unsrer Schmach,
Hoch in die kalte, fruchtlos leere Luft.

Doch still; der stete Widersacher kommt
Da auf den Wall: ich will mich hier verbergen,
Ihr dummes, eitles Schwatzen anzuhören.
                König David, Graf Douglas, Lorraine.
KÖNIG DAVID Mylord Lorraine, an unsern Bruder Frankreich
    Empfehlt uns, als den einen Christenmenschen,
    Den wir zumeist verehren und sehr lieben.
    Was Eure Botschaft ist, kehrt heim und meldet,
    Wir wollen nicht mit England unterhandeln,
    Schön Wetter machen oder Waffenstillstand,
    Doch ihre Nachbarstädte niederbrennen,
    Und sie bis hinter York das Fürchten lehren.
    Von seinem Prachtgaul steigt mir hier kein Reiter,
    Noch sollen ihm die Trense und der Sporn
    Vom Rost gefressen werden, noch legt er
    Sein Eisenhemd beiseite oder hängt
    Den Schottenspeer aus derbem Eschenholz
    Nach Friedensart an seinen Mauern auf,
    Noch löst er vom verzierten Ledergurt

Dismisse their byting whinyards, till your King,
Cry out enough, spare England now for pittie,
Farewell, and tell him that you leaue vs heare,
Before this Castle, say you came from vs,
Euen when we had that yeelded to our hands,
Lor. take my leaue and fayrely will returne
Your acceptable greeting to my king.   *Exit Lor.*
K. *D*: Now Duglas to our former taske again,
For the deuision of this certayne spoyle.
Dou: My liege I craue the Ladie and no more,
King. Nay soft ye sir, first I must make my choyse,
And first I do bespeake her for my selfe,
Da. Why then my liege let me enioy her iewels,
King: Those are her owne still liable to her,
And who inherits her, hath those with all.
Enter a Scot in hast.
Mes: My liege, as we were pricking on the hils,
To fetch in booty, marching hitherward,
We might discry a mighty host of men,
The Sunne reflicting on the armour shewed,
A field of plate, a wood of pickes aduanced:
Bethinke your highnes speedely herein,
An easie march within foure howres will bring,
The hindmost rancke, vnto this place my liege.
King: Dislodge, dislodge, it is the king of England.

Dug: Iemmy my man, saddle my bonny blacke.

King: Meanst thou to fight, Duglas we are to weake.
Du: I know it well my liege, and therefore flie.
Cou: My Lords of Scotland will ye stay and drinke:
King: She mocks at vs Duglas, I cannot endure it.

Das bissig kurze Schwert, bis euer König
Schreit ›Genug, Erbarmen, schont mir England!‹
Lebt wohl, und sagt ihm, vor der Burg hier habt
Ihr uns getroffen; sagt, Ihr wärt hier weg,
Als sie uns eben in die Hände fiel.

LORRAINE Ich nehme Abschied, und will meinem König
Die freundschaftlichen Grüße überbringen.   *Ab.*

KÖNIG DAVID Jetzt, Douglas, dreht sichs nochmal um die
Wem von der sichren Beute was gehört.   [Frage,

DOUGLAS Mein Fürst, ich will die Lady und sonst nichts.

KÖNIG DAVID Ganz langsam, Sir; mir steht die erste Wahl zu,
Und in Beschlag nehm ich sie für mich selbst.

DOUGLAS Nun gut, mein Fürst, dann laßt mir ihren Schmuck.

KÖNIG DAVID Der ist der ihre, gleichwie angeboren,
Und wer sie erbt, erbt den noch obendrauf.

Soldat.

SOLDAT Mein Fürst, wir ritten plündernd durch die Hügel,
Als wir ein großes Heer im Anmarsch sahn.
Die Sonne, auf den Waffen blinkend, zeigte,
Ein Feld aus Eisen naht, ein Pikenwald;
Eur Hoheit muß sich schleunig jetzt entscheiden:
Mit Leichtigkeit rückt in vier Stunden Marsch
Euch noch die Nachhut auf den Platz, mein Fürst.

KÖNIG DAVID Rückt ab, rückt ab! Der König kommt von England.

DOUGLAS Jemmy, mein Guter, sattle mir den Schwarzen.

Soldat ab.

KÖNIG DAVID Douglas, du kämpfst? Wir sind nicht stark genug.

DOUGLAS Weiß ich, mein Fürst, und darum lauf ich weg.

GRÄFIN Ihr Herrn aus Schottland, bleibt noch auf ein Glas.

KÖNIG DAVID Sie macht sich lustig, Douglas. Ich ertrags nicht.

Count, Say good my Lord, which is he must haue the Ladie,
    And which her iewels, I am sure my Lords
    Ye will not hence, till you haue shard the spoyles.
King: Shee heard the messenger, and heard our talke.
    And now that comfort makes her scorne at vs.
                    Annother messenger.
Mes: Arme my good Lord, O we are all surprisde.
[*Count:*] After the French embassador my liege,
    And tell him that you dare not ride to Yorke,
    Excuse it that your bonnie horse is lame.
K. He heard that to, intollerable griefe:
    Woman farewell although I do not stay.   *Exunt Scots.*
Count: Tis not for feare, and yet you run away,

    O happie comfort welcome to our house,
    The confident and boystrous boasting Scot,
    That swore before my walls they would not backe,
    For all the armed power of this land,
    With facelesse feare that euer turnes his backe:
    Turnd hence againe the blasting North-east winde:
    Vpon the bare report and name of Armes.
                    Enter Mountague.
    O Sommers day, see where my Cosin comes:
[*Mo:*] How fares my Aunt? we are not Scots,
    Why do you shut your gates against your friends?
Co: Well may I giue a welcome Cosin to thee:
    For thou comst well to chase my foes from hence.
Mo: The king himselfe is come in person hither:
    Deare Aunt discend and gratulate his highnes.
Co: How may I entertayne his Maiestie,
    To shew my duety, and his dignitie.
            Enter king Edward, Warwike, Artoyes, with others.

GRÄFIN Sagt, lieber Herr, wem war es um die Lady,
Wem um den Schmuck zu tun? Die Herren werden
Doch, eh sie gehen, noch die Beute teilen.
KÖNIG DAVID Sie hörte alles, den Kurier und uns,
Und freudig übergießt sie uns mit Spott.
Anderer Soldat.
SOLDAT Alarm, Mylord! Sie ham uns überrumpelt.   *Ab.*
GRÄFIN Holt den Gesandten Frankreichs ein, mein Fürst,
Sagt ihm, daß Ihr nicht wagt, bis York zu reiten,
Es tät Euch leid, sagt Ihr, Euer Prachtgaul lahmt.
KÖNIG DAVID Auch das hat sie gehört, nicht auszuhalten!
Frau, leb wohl. Und gehe ich auch schon –
GRÄFIN Angst hast du nicht, und doch läufst du davon.
König David und Graf Douglas ab.
O schöner Trost, sei diesem Haus willkommen!
Der siegessichre, prahlerische Schotte,
Der unter meiner Mauer schwor, er wiche
Nicht der gesamten Streitmacht dieses Landes,
Voll Furcht, die kein Gesicht, nur Rücken zeigt,
Dreht er dem rauhen Nordwind sich entgegen,
Beim bloßen Wort und Klang von Englands Waffen.
Montague.
O Sommertag: mein Neffe kommt gegangen!
MONTAGUE Wie gehts dir, Tante? – Wir sind keine Schotten,
Warum verschließt den Freunden du die Tür?
GRÄFIN Dich, Neffe, heiß mit Freuden ich willkommen
Denn daß du kommst, will meinen Feind nicht freuen.
MONTAGUE Der König selbst ist in Person zugegen:
Steig nieder, seine Hoheit zu begrüßen.
GRÄFIN Was tu ich nur für Seine Majestät,
Das meiner Pflicht und Ihrem Rang ansteht?
König Edward, Warwick, Artois.

25

K. *Ed*: What are the stealing Foxes fled and gone
 Before we could vncupple at their heeles.
W*ar*. They are my liege, but with a cheereful cry,
 Hot hunds and hardie chase them at the heeles.
Enter Countesse.
K. *Ed*: This is the Countesse Warwike, is it not.
W*ar*. Euen shee liege, whose beauty tyrants feare,
 As a May blossome with pernitious winds,
 Hath sullied, withered ouercast and donne.
K. *Ed*: Hath she been fairer Warwike then she is?
W*ar*. My gratious King, faire is she not at all,
 If that her selfe were by to staine herselfe,
 As I haue seene her when she was her selfe.
K. *Ed*: What strange enchantment lurke in those her eyes?
 When they exceld this excellence they haue,
 That now her dym declyne hath power to draw,
 My subiect eyes from persing maiestie,
 To gaze on her with doting admiration.
Count: In duetie lower then the ground I kneele,
 And for my dul knees bow my feeling heart,
 To witnes my obedience to your highnes,
 With many millions of a subiects thanks.
 For this your Royall presence, whose approch,
 Hath driuen war and danger from my gate.

K. Lady stand vp, I come to bring thee peace,
 How euer thereby I haue purchast war.
Co: No war to you my liege, the Scots are gone,
 And gallop home toward Scotland with their hate,
[*K*.] Least yeelding heere, I pyne in shamefull loue:
 Come wele persue the Scots, Artoyes away.
Co: A little while my gratious soueraigne stay,

KÖNIG EDWARD Was denn, die Hühnerdiebe sind geflohn,
  Vor sie die Meute an den Fersen hatten?
WARWICK Sie sinds, mein Fürst, jedoch mit Kriegsgebell
  Sind gute Hunde ihnen auf der Fährte.
  Gräfin.
KÖNIG EDWARD Das ist die Gräfin, Warwick, hab ich recht?
WARWICK Sie selbst, Herr, deren Schönheit Furcht vor
  Wie Hagelschauer eine Maienblüte,   [Drangsal,
  Geknickt, gebrochen und zerschlagen hat.
KÖNIG EDWARD War sie denn schöner, Warwick, als sie ist?
WARWICK Schön, edler König, ist sie nimmermehr,
  Ein Schatten ihrer selbst ist sie vor der,
  Die ich gesehn, als sie sie selbst noch war.
KÖNIG EDWARD Welch seltner Zauber haust in ihren Augen,
  Wenn sie ihr Strahlen ehdem überstrahlten,
  Daß im Erlöschen sie noch Macht besitzen,
  Mein Herrscherauge untertan zu machen,
  Und es bewundernd auf ihr ruhn zu lassen?
GRÄFIN Ergeben tiefer als die Erde knie ich,
  Und meine stummen Kniee beugen sich
  Als Boten des beredten Herzens mir,
  Um Eurer Hoheit Demut zu bezeugen,
  Samt tausendfachem Untertanendank
  Für Euer königliches Dasein, dessen Nahen
  Krieg und Gefahr von meinem Tor vertrieben.
KÖNIG EDWARD Lady, steht auf; ich bringe Euch den Frieden,
  Wie sehr ich mich auch in den Krieg begebe.
GRÄFIN Kein Krieg, mein Fürst; die Schotten sind geflohn,
  Und haßerfüllt nach Schottland heimgeritten.
KÖNIG EDWARD Soll mich hier unerlaubte Liebe nicht
  Verzehren, ihnen nach. – Artois, es eilt.
GRÄFIN Mein gnädigster Gebieter, o verweilt

And let the power of a mighty king
Honor our roofe: my husband in the warres,
When he shall heare it will triumph for ioy.
Then deare my liege, now niggard not thy state,
Being at the wall, enter our homely gate.

King. Pardon me countesse, I will come no neare,
   I dreamde to night of treason and I feare.
Co: Far from this place let vgly treason ly.
K: No farther off, then her conspyring eye,
   Which shoots infected poyson in my heart.
   Beyond repulse of wit or cure of Art.
   Now in the Sunne alone it doth not lye,
   With light to take light, from a mortall eye.
   For here to day stars that myne eies would see,
   More then the Sunne steales myne owne light from mee:
   Contemplatiue desire, desire to be,
   In contemplation that may master thee.
   Warwike, Artoys, to horse and lets away.
Co: What might I speake to make my soueraigne stay?
King: What needs a tongue to such a speaking eie,
   That more perswads then winning Oratorie.
Co: Let not thy presence like the Aprill sunne,
   Flatter our earth, and sodenly be done:
   More happie do not make our outward wall,
   Then thou wilt grace our inner house withall,
   Our house my liege is like a Country swaine,
   Whose habit rude, and manners blunt and playne,
   Presageth nought, yet inly beautified,
   With bounties riches; and faire hidden pride:
   For where the golden Ore doth buried lie,
   The ground vndect with natures tapestrie,

Nur einen Augenblick, und ehrt dies Dach
Mit eines großen Königs Gegenwart;
Mein Gatte, kriegerisch in Eurem Dienst,
Er wird, wenn er es hört, von Stolz geschwellt sein.
Enthaltet uns nicht Eure Nähe vor:
Verlaßt den Wall, durchschreitet unser Tor.

KÖNIG EDWARD Gräfin, verzeiht, doch näher komm ich nicht;
Ich hatte von Verrat ein Traumgesicht.

GRÄFIN Fern sei der Verrat von unsern Mauern!

KÖNIG EDWARD Nicht ferner, als im Auge ihr zu lauern,
Das giftig mir mein Herz beschießt, wogegen
Vernunft und Klugheit sich vergeblich regen.
Nicht nur dem Licht der Sonne wills gelingen,
Des Menschen Auge um sein Licht zu bringen;
Denn auf zwei Taggestirne muß ichs wenden,
Die, wie die Sonne nicht, mein Licht mir blenden.
Rein geistiges Begehr, begehr fortan
Nurmehr den Geist, der dich bemeistern kann! –
Warwick, Artois, zu Pferd, zu Pferd, es eilt.

GRÄFIN Was muß ich sagen, daß mein Herr verweilt?

KÖNIG EDWARD Was brauchts die Zunge, wo das Auge spricht,
Mit der Gewalt, die schönem Wort gebricht?

GRÄFIN Scheint uns nicht wie die Sonne im April,
Die flüchtig nur der Erde leuchten will.
Die äußre Mauer sei nicht mehr beglückt,
Als Ihr des Hauses Inneres entzückt.
Dies unser Haus gleicht einem Schäfersmann:
Es sieht sich ländlich, rauh und einfach an;
Versprechend nichts, und doch aus gutem Holz,
Freundlich dem Gast in anspruchslosem Stolz.
Denn wo uns Golderz tief vergraben liegt,
Hat die Natur den Boden nicht geschmückt,

Seemes barrayne, sere, vnfertill, fructles dry,
And where the vpper turfe of earth doth boast,
His pride perfumes, and party colloured cost,
Delue there, and find this issue and their pride,
To spring from ordure, and corruptions side:
But to make vp my all to long compare,
These ragged walles no testomie are,
What is within, but like a cloake doth hide,
From weathers West, the vnder garnisht pride:
More gratious then my tearmes can let thee be,
Intreat thy selfe to stay a while with mee.

Kin: As wise as faire, what fond fit can be heard,
When wisedome keepes the gate as beuties gard,
Countesse, albeit my busines vrgeth me,
Yt shall attend, while I attend on thee:
Come on my Lords, heere will I host to night. *Exeunt.*

Lor. I might perceiue his eye in her eye lost,
His eare to drinke her sweet tongues vtterance,
And changing passion like inconstant clouds:
That racke vpon the carriage of the windes,
Increase and die in his disturbed cheekes:
Loe when shee blusht, euen then did he looke pale,
As if her cheekes by some inchaunted power,
Attracted had the cherie blood from his,
Anone with reuerent feare, when she grew pale,
His cheeke put on their scarlet ornaments,

Er zeigt sich harsch und kahl und felsbestückt;
Und wo das Erdreich obenhin euch prahlt,
An Düften reich, mit bunter Zier bemalt,
Dort grabt und schaufelt, und ihr werdet finden,
Daß Pracht und Glanz Tod und Verwesung künden.
Jedoch, um mein Vergleichen zu beenden,
Erblickt kein Zeugnis in den schroffen Wänden
Für das, was innen: grobes Tuch beschützt
Vor Wetters Wut, was stolz darunter sitzt.
Besser als ich vermag, sprecht selbst Euch zu:
Gönnt Euch eine Zeitlang bei mir Ruh.
KÖNIG EDWARD So klug als schön: was gibts, das toller macht,
Als Klugheit, die am Tor der Schönheit wacht? –
Gräfin, soviel Zeug just meiner harrte,
Jetzt muß es warten, da ich Euch aufwarte.
Ihr Herren, kommt, ich übernachte hier.   *Alle ab.*

Zweiter Akt.
1. Szene

Lodowick.

LODOWICK Wie sich sein Auge in ihr Auge senkt,
Sein Ohr das Wort von ihrer Zunge schlürft;
Und wechselnde Gefühle, wie Gewölk,
Das vor dem Wind einhertreibt, lagern und
Verwehn auf seinen aufgeregten Wangen.
Als sie errötete, erblaßte er,
Als habe ihre Wange zauberisch
Der seinen all das rote Blut entzogen;
Darauf, als Ehrfurcht sie erblassen ließ,
Tat seine Wange Scharlachzierat an,

But no more like her oryent all red,
Then Bricke to Corrall, or liue things to dead,
Why did he then thus counterfeit her lookes,
If she did blush twas tender modest shame,
Being in the sacred present of a King.
If he did blush, twas red immodest shame,
To waile his eyes amisse being a king;
If she lookt pale, twas silly womans feare,
To beare her selfe in presence of a king:
If he lookt pale, it was with guiltie feare,
To dote a misse being a mighty king,
Then Scottish warres farewell, I feare twill prooue
A lingring English seege of peeuish loue,
Here comes his highnes walking all alone.

Enter King Edward.

King: Shee is growne more fairer far since I came thither,
    Her voice more siluer euery word then other,
    Her wit more fluent, what a strange discourse,
    Vnfolded she of Dauid and his Scots:
    Euen thus quoth she, he spake, and then spoke broad,
    With epithites and accents of the Scot:
    But somewhat better then the Scot could speake,
    And thus quoth she, and answered then herselfe,
    For who could speake like her but she herselfe:
    Breathes from the wall, an Angels note from Heauen:
    Of sweete defiance to her barbarous foes,
    When she would talke of peace me thinkes her tong,
    Commanded war to prison: when of war,
    It wakened Caesar from his Romane graue,
    To heare warre beautified by her discourse,
    Wisedome is foolishnes, but in her tongue,

Doch glich er mehr nicht ihrem Morgenrot,
Als Backstein der Koralle, Tod dem Leben.
Woher es kommt, daß er ihr Bildnis fälscht?
Errötet sie, dann liegts an der Verschämtheit
Vor der geweihten Gegenwart des Königs;
Errötet er, liegts an der Unverschämtheit
Der unstatthaften Blicke eines Königs;
Erblaßt sie, dann aus weiblichem Besorgen
Um Haltung in der Gegenwart des Königs;
Erblaßt er, dann aus schuldigem Besorgen
Um die Verfehlung eines mächtgen Königs.
Lebt wohl, ihr Schottenkriege, England setzt
Auf die Belagrung schwanker Liebe jetzt.
Hier naht die Hoheit, wandelnd, ganz für sich.

König Edward.

KÖNIG EDWARD Noch schöner wurde sie seit meiner Ankunft,
Noch silbriger ihr Redefluß, ihr Geist
Noch lebhafter – wie gut erzählte sie
Von David und den Schotten! ›Ganz genau
So sprach er‹, sagte sie – und breit sprach sie,
In Mundart und mit Wendungen der Schotten,
Doch treffender noch als die Schotten sprechen:
›Und darauf‹ sprach sie – und gab selbst die Antwort –
Denn wer spricht schon wie sie? – Sie selber goß,
Wie Engelbotschaft, von der Mauer lieblich
Verachtung auf die wüsten Feinde aus.
Spräche sie für Frieden, kriegsgefangen
Nähme ihre Zunge dann den Krieg,
Und wenn für Krieg, erweckte sie den Caesar
Aus seiner Gruft in Rom, auf daß er höre,
Wie Krieg aus ihrem Mund gewürdigt wird;
Klugheit spricht dumm, wo nicht mit ihrer Zunge,

Beauty a slander but in her faire face,
There is no summer, but in her cheerefull lookes,
Nor frosty winter, but in her disdayne,
I cannot blame the Scots that did besiege her,
For she is all the Treasure of our land:
But call them cowards that they ran away,
Hauing so rich and faire a cause to stay.
Art thou there Lodwicke, giue me incke and paper?

Lo: I will my liege.

K: And bid the Lords hold on their play at Chesse,
For wee will walke and meditate alone.

Lo: I will my soueraigne.

K*i*: This fellow is well read in poetrie,
And hath a lustie and perswasiue spirite:
I will acquaint him with my passion,
Which he shall shadow with a vaile of lawne,
Through which the Queene of beauties Queene shall see,
Herselfe the ground of my infirmitie.

Enter Lodwike.

K*i*: Hast thou pen, inke and paper ready Lodowike,

Lo: Ready my liege.

K*i*: Then in the sommer arber sit by me,
Make it our counsel house or cabynet:
Since greene our thoughts, greene be the conuenticle,
Where we will ease vs by disburdning them:
Now Lodwike inuocate some golden Muse,
To bring thee hither an inchanted pen,
That may for sighes, set downe true sighes indeed:
Talking of griefe, to make thee ready grone,
And when thou writest of teares, encouch the word,
Before and after with such sweete laments,
That it may rayse drops in a Torters eye,

Schönheit ist unschön, wo nicht ihr Gesicht,
Kein Sommer herrscht, wo nicht in ihren Blicken,
Noch Eiseswinter, wo sie nicht verabscheut.
Die Schotten taten recht, sie zu belagern,
Denn sie ist aller Reichtum unsres Landes,
Und recht tun wir, Feiglinge die zu nennen,
Die weg vor reichlich Grund, zu bleiben, rennen.
Du, Lodowick? Bring mir Papier und Tinte.
LODOWICK Das werde ich, mein Fürst.
KÖNIG EDWARD Die Herren mögen noch beim Schachspiel
    Wir wollen uns ergehn und meditieren.   [bleiben,
LODOWICK Ich richt es aus, Hoheit.   *Ab.*
KÖNIG EDWARD Was Lyrik angeht, ist der Mensch belesen,
    Ein heller Kopf von biegsamem Verstand;
    Ihm will ich meine Leidenschaft entdecken,
    Die, für die Königin der Königin
    Der Schönheit, er in Schleier hüllen soll,
    Durch die hindurch sie sieht, sie macht mich toll.
                        Lodowick.
Hast du nun Feder, Tinte und Papier?
LODOWICK Hab ich, mein Fürst.
KÖNIG EDWARD Dann setz dich zu mir in die Gartenlaube,
    Die uns als Tagungszimmer dienen soll:
    Grün die Gefühle, grün das Konventikel,
    Wo wir uns ihre Bürde leichtern wolln.
    Jetzt, Lodowick, ruf eine goldne Muse,
    Dir eine Zauberfeder herzutragen,
    Die für Seufzer wirklich Seufzer hinsetzt,
    Sprichst du von Kummer, gleich dich stöhnen läßt,
    Und, schreibst du was von Tränen, dieses Wort
    So um und um in liebe Klagen bettet,
    Daß des Tartaren Auge überfließt,

And make a flynt heart Sythian pytifull,
For so much moouing hath a Poets pen:
Then if thou be a Poet moue thou so,
And be enriched by thy soueraigne loue:
For if the touch of sweet concordant strings,
Could force attendance in the eares of hel:
How much more shall the straines of poets wit,
Beguild and rauish soft and humane myndes.

Lor. To whome my Lord shal I direct my stile.

King: To one that shames the faire and sots the wise,
    Whose bodie is an abstract or a breefe,
    Containes ech generall vertue in the worlde,
    Better then bewtifull thou must begin,
    Deuise for faire a fairer word then faire,
    And euery ornament that thou wouldest praise,
    Fly it a pitch aboue the soare of praise,
    For flattery feare thou not to be conuicted,
    For were thy admiration ten tymes more,
    Ten tymes ten thousand more thy worth exceeds,
    Of that thou art to praise their praises worth,
    Beginne I will to contemplat the while,
    Forget not to set downe how passionat,
    How hart sicke and how full of languishment,
    Her beautie makes mee,

Lor. Writ I to a woman?

King: What bewtie els could triumph on me,
    Or who but women doe our loue layes greet,
    What thinkest thou I did bid thee praise a horse.

Lor, Of what condicion or estate she is,
    Twere requisit that I should know my Lord,

King: Of such estate, that hers is as a throane,

Und eines Skythen Steinherz Mitleid fühlt –
Denn diese Macht hat eines Dichters Feder.
Wenn du ein Dichter bist, dann sei jetzt mächtig,
Und deines Königs Gunst wird dich belohnen.
Denn wenn der himmlische Zusammenklang
Aus Orpheus Leier selbst die Hölle rührte,
Um wieviel mehr vermag die Kunst des Dichters
Ein menschlich Herz unbändig zu berücken?

LODOWICK An wen, Mylord, soll ich mein Kunstwerk richten?

KÖNIG EDWARD An jemanden, der Schöne schamrot macht,
Und Kluge närrisch, jemanden, der mir
Jedweden Vorzug dieser Welt verkörpert.
›Du Schönere als Schöne‹, so beginnst du;
Für ›herrlich‹ nimm ein herrlicheres Wort,
Und jeder Zug, den du vergöttern willst,
Erheb ihn über jegliches Vergöttern.
Der Schmeichelei wird man dich nicht verklagen,
Denn wolltest du auch zehnmal mehr bewundern,
So überstiege das Vergötterte
Zehnmal zehntausendfach doch dein Vergöttern.
Fang an; ich will solange meditieren.
Vergiß nicht, aufzuschreiben, wie so leidend,
Wie weh im Herzen, wie randvoll mit Sehnsucht
Mich ihre Schönheit macht.

LODOWICK Ich schreibe einer Frau?   [gen?

KÖNIG EDWARD Ja, welche Schönheit sonst kann mich besie-
Wem gilt wohl unser Lied, wenn nicht den Frauen?
Glaubst du vielleicht, du sollst ein Pferd vergöttern?

LODOWICK Aus welchem Stand sie ist, von welchem Rang:
's wär nötig, daß ichs wüßte, Herr.

KÖNIG EDWARD Aus dem Stand,
Daß ihr ein Thron zukommt, und meinem Stand

And my estate the footstoole where shee treads,
Then maist thou iudge what her condition is,
By the proportion of her mightines,
Write on while I peruse her in my thoughts,
Her voice to musicke or the nightingale,
To musicke euery sommer leaping swaine,
Compares his sunburnt louer when shee speakes,
And why should I speake of the nightingale,
The nightingale singes of adulterate wrong,
And that compared is to satyrical,
For sinne though synne would not be so esteemd,
But rather vertue sin, synne vertue deemd,
Her hair far softer then the silke wormes twist,
Like to a flattering glas doth make more faire,
The yelow Amber like a flattering glas,
Comes in to soone: for writing of her eies,
Ile say that like a glas they catch the sunne,
And thence the hot reflection doth rebounde,
Against my brest and burnes my hart within,
Ah what a world of descant makes my soule,
Vpon this voluntarie ground of loue,
Come Lodwick hast thou turnd thy inke to golde,
If not, write but in letters Capitall my mistres name,
And it wil guild thy paper, read Lorde, reade,
Fill thou the emptie hollowes of mine eares,
With the sweete hearing of thy poetrie.

Lo: I haue not to a period brought her praise.
King: Her praise is as my loue, both infinit,
　　Which apprehend such violent extremes,
　　That they disdaine an ending period.
　　Her bewtie hath no match but my affection,

Die Fußbank, die sie tritt; urteile du,
Von welchem Rang sie ist, bei dem Verhältnis.
Schreib zu, derweil will ich sie mir erdenken.
Die Stimme Musik, nein, Nachtigallsang:
›Musik‹ sagt jeder Springinsfeld von Schäfer,
Wenn seine sonnverbrannte Dirne spricht –
Und wozu von Nachtigallen reden?
Die Nachtigall singt ja vom Ehebruch,
Und der Vergleich erschiene wie Satire:
Denn wahre Sünde will nicht Sünde kennen,
Doch Tugend Sünde, Sünde Tugend nennen.
Ihr Haar, weit seidner als der Raupe Faden,
Schönt, wie ein Schmeichelglas, den Bernstein noch,
Dem es verglichen wird: halt, Schmeichelglas
Steht hier zu früh; denn, ihre Augen schildernd,
Will ich sagen, wie ein Brennglas sammeln
Sie das Sonnenlicht und richten dann
Auf meine Brust den Glutstrahl und versengen
Zuinnerst mir das Herz. Ah, meine Seele,
Wie unerschöpflich singst du den Diskant
Zum Cantus firmus meiner Liebe! – Lodwick,
Hast du aus deiner Tinte Gold gemacht?
Und falls nicht, schreib nur, in Großbuchstaben,
Den Namen meiner Dame nieder, und
Er vergoldet dein Papier: nun lies, Mann,
Lies, füll die leere Höhlung meiner Ohren
Mit süßem Hören deiner Poesie.

LODOWICK Ich brachte ihr Vergöttern nicht zum Abschluß.

KÖNIG EDWARD Ihr Vergöttern ist, ganz wie mein Lieben,
Unendlich, beides geht so rasend weit,
Daß es vor einem Abschluß Ekel fühlt.
Nur mein Affekt mißt sich mit ihrer Schönheit,

Hers more then most, myne most, and more then more,
Hers more to praise then tell the sea by drops,
Nay more then drop the massie earth by sands,
And said, by said, print them in memorie,
Then wherefore talkest thou of a period,
To that which craues vnended admiration.
Read let vs heare,

Lo: More faire and chast then is the queen of shades:
King: That line hath two faults grosse and palpable,
    Comparest thou her to the pale queene of night,
    Who being set in darke seemes therefore light,
    What is she, when the sunne lifts vp his head,
    But like a fading taper dym and dead.
    My loue shall braue the ey of heauen at noon,
    And being vnmaskt outshine the golden sun,
Lo: What is the other faulte, my soueraigne Lord,
King.   Reade ore the line againe,
Lo: More faire and chast,
King: I did not bid thee talke of chastitie,
    To ransack so the treason of her minde,
    For I had rather haue her chased then chast,
    Out with the moone line, I wil none of it,
    And let me haue hir likened to the sun,
    Say shee hath thrice more splendour then the sun,
    That her perfections emulats the sunne,
    That shee breeds sweets as plenteous as the sunne,
    That shee doth thaw cold winter like the sunne,
    That she doth cheere fresh sommer like the sunne,
    That shee doth dazle gazers like the sunne,
    And in this application to the sunne,

Die ohne Maß ist: maßloser ist er;
Sie zu vergöttern heißt, das Weltenmeer
Tropfenweise zu besingen, nein,
In kleinerem als Tropfen, heißt, das Erdreich,
Das massige, nach Staubkörnern zu preisen,
Und ins Gedächtnis Korn um Korn zu prägen.
Was sprichst denn also du von einem Abschluß,
Wo die Bewunderung kein Ende nehmen darf?
Lies, laß uns hören.   [Göttin‹ –
LODOWICK ›So schön und keusch ist nicht des Mondes
KÖNIG EDWARD Die Zeile hat zwei augenfällge Fehler.
Vergleichst du sie der Königin der Nacht
Die lediglich das Dunkel leuchten macht?
Soll sie, wenn die Sonne aufsteht rot,
Zum Talglicht werden, trüb und bleich und tot?
Mein Liebstes schlägt des Mittags Himmelslicht,
Überstrahlt wirds durch ihr Angesicht.
LODOWICK Was ist der zweite Fehler, mein Gebieter?
KÖNIG EDWARD Die Zeile noch einmal.
LODOWICK ›So schön und keusch‹ –   [redend,
KÖNIG EDWARD Nicht bat ich dich, von Keuschheit etwas
Das Schatzhaus ihres Herzens zu durchwühlen,
Denn lieber wäre sie mir kusch als keusch.
Weg mit dem Mondvers, ich kann das nicht brauchen,
Und setze sie mir mit der Sonne gleich.
Sag, daß sie dreimal mehr glänzt als die Sonne,
Daß sie vollkommener ist als die Sonne,
Daß sie mehr Pracht hervorbringt als die Sonne,
Daß sie den Winter wegschmilzt wie die Sonne,
Daß sie den Sommer froh macht wie die Sonne,
Daß sie die Gaffer blendet wie die Sonne,
Und bitte sie, in Anwendung der Sonne,

Bid her be free and generall as the sunne,
Who smiles vpon the basest weed that growes,
As louinglie as on the fragrant rose,
Lets see what followes that same moonelight line,
Lo: More faire and chast then is the louer of shades,
    More bould in constancie.
King: In constancie then who,
Lo: Then Iudith was,
King: O monstrous line, put in the next a sword
    And I shall woo her to cut of my head
    Blot, blot, good Lodwicke let vs heare the next.

Lo: Theres all that yet is donne.
King: I thancke thee then thou hast don litle ill,
    But what is don is passing passing ill,
    No let the Captaine talke of boystrous warr,
    The prisoner of emured darke constraint,
    The sick man best sets downe the pangs of death,
    The man that starues the sweetnes of a feast,
    The frozen soule the benefite of fire,
    And euery griefe his happie opposite,
    Loue cannot sound well but in louers toungs,
    Giue me the pen and paper I will write,
                    Enter Countes.
    But soft here comes the treasurer of my spirit,
    Lodwick thou knowst not how to drawe a battell,
    These wings, these flankars, and these squadrons,
    Argue in thee defectiue discipline,
    Thou shouldest haue placed this here, this other here,
Co. Pardon my boldnes my thrice gracious Lords,
    Let my intrusion here be cald my duetie,
    That comes to see my soueraigne how he fares,

So großmütig zu sein als wie die Sonne,
Die ohne Ansehn frei ihr Licht ausgießt,
Ob da ein Unkraut, ob ein Röslein sprießt. –
Was folgt auf die besagte Mondscheinzeile?

LODOWICK ›So schön und keusch ist nicht des Mondes Göttin,
So standhaft war‹ –

KÖNIG EDWARD So standhaft war nicht wer?

LODOWICK – ›die hehre Judith nicht.‹

KÖNIG EDWARD O Schreckensvers:
Steck du ein Schwert noch in die nächste Zeile,
Und ich bekniee sie, mich zu enthaupten!
Streich durch, mein Lodwick. Laß uns weiter hörn.

LODOWICK Mehr steht noch nicht da.

KÖNIG EDWARD So sei bedankt: du tatest wenig Schlimmes –
Doch was du tatst, ist schlimmer noch als schlimm.
Nein, nein, mag der Soldat vom Krieg erzählen,
Der Häftling vom Vermauertsein der Haft,
Der Kranke recht die Todesfurcht beschreiben
Der Hungrige die Süßigkeit des Mahls,
Der Frierende die Wohltaten des Feuers,
Und jede Not ihr glücklich Gegenteil:
Von Liebe kann nur der Verliebte sprechen.
Gib mir Papier und Feder, ich will schreiben.
Gräfin.
Still doch, meines Herzens Schatzmeistrin –
Du weißt nicht, Lodwick, wie man eine Schlacht schlägt:
Die Flügel hier, die Flanken, da der Vortrupp
Belegen deine mangelhafte Kriegskunst;
Die mußt du hier aufstellen, diesen hier –

GRÄFIN Verzeiht die Kühnheit, dreifach edle Herren;
So einzudringen heischt mich meine Pflicht,
Die auf das Wohlergehn des Königs sieht.

Kin: Go draw the same I tell thee in what forme.
Lor. I go.

Con: Sorry I am to see my liege so sad,
　　What may thy subiect do to driue from thee,
　　Thy gloomy consort, sullome melancholie,
King: Ah Lady I am blunt and cannot strawe,
　　The flowers of solace in a ground of shame,
　　Since I came hither Countes I am wronged.
Cont: Now God forbid that anie in my howse
　　Should thinck my soueraigne wrong, thrice gentle King:
　　Acquant me with theyr cause of discontent.
[*King*:] How neere then shall I be to remedie.
Cont: As nere my Liege as all my womans power,
　　Can pawne it selfe to buy thy remedy.
King: Yf thou speakst true then haue I my redresse,
　　Ingage thy power to redeeme my Ioyes,
　　And I am ioyfull Countes els I die.

Coun: I will my Liege.
King: Sweare Countes that thou wilt.
Coun: By heauen I will,
King: Then take thy selfe a litel waie a side,
　　And tell thy self a King doth dote on thee,
　　Say that within thy power doth lie,
　　To make him happy, and that thou hast sworne,
　　To giue him all the Ioy within thy power,
　　Do this and tell me when I shall be happie.
Coun: All this is done my thrice dread souereigne,
　　That power of loue that I haue power to giue,

44

KÖNIG EDWARD Geh, halt das fest, wie ich dirs angegeben.

LODOWICK Ich gehe.   *Ab.*

2. Szene

GRÄFIN Mein König ist betrübt. Das schmerzt mich.
Was kann Eurer Untertanin bleiben,
Die Melancholie Euch zu vertreiben?

KÖNIG EDWARD Ah, Lady, ich bin plump, mit Trostes Blüten
Kann ich den Grund der Schande nicht bestreun;
Seit ich hier eintraf, Gräfin, leide ich.

GRÄFIN Behüte Gott, daß jemand hier im Hause
Aufs Leid des Herrschers sänne! Edler König,
Vertraut mir an, was Euch so tief verstimmt.

KÖNIG EDWARD Wie nahe wird mir dann die Heilung sein?

GRÄFIN So nah, mein Fürst, als meine Frauenmacht
Zum Pfand mir dient, Euch Heilung zu erwerben.

KÖNIG EDWARD Meint Ihr es ehrlich, ist mir schon geholfen:
Braucht Eure Macht, die Freude mir zu neuern,
Und freudig, Gräfin, will ich sein; wo nicht,
Muß gleich ich sterben.

GRÄFIN Fürst, das will ich tun.

KÖNIG EDWARD Schwört, Gräfin, daß Ihr wollt.

GRÄFIN Ich will, beim Himmel.

KÖNIG EDWARD So nimm dich selbst ein klein wenig beiseite,
Und mach dir klar, ein König buhlt um dich;
Sag dir, es steht in deiner Macht, ihn zu
Beglücken, und daß du ihm alle Freuden
Zugeschworen, die in deiner Macht stehn.
Das tu, und sag mir, wann ich glücklich sein soll.

GRÄFIN Das tat ich schon, dreifach erhabner Fürst.
Alle Macht der Liebe, die ich Macht

Thou hast with all deuout obedience,
Inploy me how thou wilt in profe therof,
King. Thou hearst me saye that I do dote on thee,
Coun: Yf on my beauty take yt if thou canst,
Though litle I do prise it ten tymes lesse,
If on my vertue take it if thou canst,
For vertues store by giuing doth augment,
Be it on what it will that I can giue,
And thou canst take awaie inherit it.
King. It is thy beauie that I woulde enioy,
Count. O were it painted I would wipe it of,
And disposse my selfe to giue it thee,
But soucreigne it is souldered to my life,
Take one and both for like an humble shaddow,
Yt hauntes the sunshine of my summers life,
[*King.*] But thou maist leue it me to sport with all.
Count: As easie may my intellectual soule,
Be lent awaie and yet my bodie liue,
As lend my bodie pallace to my soule,
A waie from her and yet retaine my soule,.
My bodie is her bower her Court her abey,
And shee an Angell pure deuine vnspotted,
If I should leaue her house my Lord to thee,
I kill my poore soule and my poore soule me,
King. Didst thou not swere to giue me what I would,
Count: I did my liege so what you would I could.
King: I wish no more of thee then thou maist giue,
Nor beg I do not but I rather buie,
That is thy loue and for that loue of thine,
In rich exchaunge I tender to thee myne,
Count. But that your lippes were sacred my Lord,
You would prophane the holie name of loue,

Zu geben habe, ist in Demut Euer:
Nach Gefallen wollt mich darin prüfen.
KÖNIG EDWARD Du hörst mich sagen, daß ich um dich buhle.
GRÄFIN Falls um die Schönheit, nehmt sie, wenn Ihr könnt:
So arm sie ist, mir ist sie zehnmal ärmer.
Falls um die Tugend, nehmt sie, wenn Ihr könnt,
Denn Tugend macht im Geben noch Gewinn.
Was es auch sei, wenn ich es geben kann,
Und Ihr könnts nehmen, macht es Euch zu eigen.
KÖNIG EDWARD An deiner Schönheit will ich mich erfreun.
GRÄFIN O wär sie aufgemalt, ich rieb sie ab,
Mich selbst enteignend, um sie Euch zu geben.
Nur, Herr, sie ist geschmiedet an mein Leben:
Nehmt eins, nehmt beides, denn als schwacher Schatten
Spukt sie durch meines Lebenssommers Glanz.   [leihen.
KÖNIG EDWARD Du kannst sie mir zum Zeitvertreib doch
GRÄFIN Das wär so leicht, als wollt ich meine Seele
Leihen und der Leib sollt weiterleben,
So leicht, als meinen Leib, der Seele Tempel,
Herzuleihn, und doch sie zu behausen.
Mein Leib dient ihr als Zelt, als Burg, als Kloster,
Sie ist ein Engel, göttlich unbefleckt:
Verliehe ich ihr Haus, Mylord, an Euch,
Sie stürbe mir, und ich mit ihr zugleich.
KÖNIG EDWARD Schwurt Ihr nicht, zu Willen mir zu sein?
GRÄFIN Ich schwur, sofern der Wille dazu mein.
KÖNIG EDWARD Ich will nicht mehr, als du mir geben kannst,
Noch bettle ich, komm eher als ein Käufer –
Da ist Liebe, deine; und für deine
Tausche ich dir überreich die meine.
GRÄFIN Wären Eure Lippen nicht geweiht,
Entheiligen würd Euer Wort die Liebe.

That loue you offer me you cannot giue,
For Caesar owes that tribut to his Queene,
That loue you beg of me I cannot giue,
For Sara owes that duetie to her Lord,
He that doth clip or counterfeit your stamp,
Shall die my Lord, and will your sacred selfe,
Comit high treason against the King of heauen,
To stamp his Image in forbidden mettel,
Forgetting your alleageance, and your othe,
In violating mariage secred law,
You breake a greater honor then your selfe,
To be a King is of a yonger house,
Then to be maried, your progenitour
Sole ragning Adam on the vniuerse,
By God was honored for a married man,
But not by him annointed for a king,
It is a pennalty to breake your statutes,
Though not enacted with your highnes hand,
How much more to infringe the holy act,
Made by the mouth of God, seald with his hand,
I know my souereigne in my husbands loue,
Who now doth loyall seruice in his warrs,
Doth but to try the wife of Salisbury,
Whither shee will heare a wantons tale or no,
Lest being therein giulty by my stay,
From that not from my leige I tourne awaie: *Exit.*

King: Whether is her bewtie by her words dyuine,
       Or are her words sweet chaplaines to her bewtie,
       Like as the wind doth beautifie a saile,
       And as a saile becomes the vnseene winde,

Die Liebe, die Ihr tauscht, könnt Ihr nicht geben,
Der Herrscher schuldet sie der Königin.
Die Liebe, die Ihr wünscht, kann ich nicht geben,
Denn Sarah schuldet sie dem Abraham.
Wer Euer Bildnis abschleift oder fälscht,
Der stirbt, Mylord; will Euer heilig Selbst
Am Himmelskönig Hochverrat verüben,
Das eigne Bild auf fremde Münze prägend
Die Menschenpflicht vergessen und den Eid?
Mißachtet das geheiligte Gesetz
Des Ehbunds, und Ihr kränkt ein größres Recht
Als selbst das Eure. Euer Königtum
Entspringt ja so uralter Wurzel nicht,
Wie just die Ehe: Euer Ahnherr, Adam,
Der doch allein im Universum herrschte,
Ihn machte Gott zu einem Ehemann,
Und salbte nicht zu einem König ihn.
Bestraft wird das Vergehn an Eurer Satzung,
Auch wenn sie nicht von Eurer Hand gegeben:
Um wieviel mehr der Bruch des heil'gen Akts
Aus Gottes Mund, von Seiner Hand besiegelt?
Ich weiß, erproben will es mein Gebieter –
Den Gatten ehrend, der ihm Kriegsdienst leistet –
Ob sie, die Ehefrau des Salisbury,
Den buhlerischen Tönen lauscht, ob nicht.
Soll mich mein Bleiben darin nicht verklagen,
So muß ich ihm, nicht meinem Herrn, entsagen.   *Ab.*
KÖNIG EDWARD Wird ihre Schönheit göttlich durch ihr
    Oder dient ihr Sprechen ihrer Schönheit   [Sprechen,
    Als Hohepriesterin? Gleich wie der Wind
    Ein Segel schön macht, und ein Segel drum
    Den Unsichtbaren schmückt, macht es ihr Sprechen

So doe her words her bewties, bewtie wordes,
O that I were a honie gathering bee,
To beare the combe of vertue from his flower,
And not a poison sucking enuious spider,
To turne the vice I take to deadlie venom,
Religion is austere and bewty gentle,
To stricke a gardion for so faire a weed,
O that shee were as is the aire to mee,
Why so she is, for when I would embrace her,
This do I, and catch nothing but my selfe,
I must enioy her, for I cannot beate
With reason and reproofe fond loue a waie.

Enter Warwicke.
Here comes her father I will worke with him,
To beare my collours in this feild of loue.

War. How is it that my souereigne is so sad,
    May I with pardon know your highnes griefe,
    And that my old endeuor will remoue it,
    It shall not comber long your maiestie,
King: A kind and voluntary giift thou proferest,
    That I was forwarde to haue begd of thee,
    But O thou world great nurse of flatterie,
    Whie dost thou tip mens tongues with golden words,
    And peise their deedes with weight of heauie leade,
    That faire performance cannot follow promise,
    O that a man might hold the hartes close booke,

Mit ihrer Schönheit, ihre Schönheit tuts
Mit ihrem Sprechen. O, wie gerne wär ich
Die Honigbiene, die aus dieser Blume
Den Blütenstaub der Tugend trägt, und nicht
Die Spinne, die den süßen Saft verwandelt,
Wenn sie ihn saugt, in tödlich bittres Gift!
Religion ist streng und Schönheit lieblich,
Zu barsch ein Vormund dem so süßen Mündel.
O, wäre sie zu mir doch wie die Luft!
Ja, wie, sie ists; denn will ich sie umarmen,
Mach ich so, und halte nur mich selbst.
Besitzen muß ich sie; den Liebeswahn
Schlägt weder Takt noch Tadel in die Flucht.

Ihr Vater kommt: ihm setz ich zu, bis er
Im Feld der Liebe mir das Banner trägt.

3. Szene

König Edward, Warwick.

WARWICK Was ists, das meinen König so betrübt?
    Wüßt ich, mit Gunst, die Ursach Eures Kummers,
    Und mein betagt Bemühen käm ihr bei,
    Er sollt Eur Majestät nicht lang bedrücken.
KÖNIG EDWARD Du gibst in Freundschaft und freiwillig mir,
    Worum ich im Begriff war, dich zu bitten.
    Doch o, Frau Welt, du Amme aller Schmeichler,
    Warum vergoldest du des Menschen Zunge,
    Und beschwerst sein Tun mit trägem Blei?
    So wird versprochen viel, gehalten bitter wenig.
    O, daß ein Mann an seines Herzens Buch

And choke the lauish tongue when it doth vtter
The breath of falshood not carectred there:
War. Far be it from the honor of my age,
    That I should owe bright gould and render lead,
    Age is a cyncke, not a flatterer,
    I saye againe, that I if knew your griefe,
    And that by me it may be lesned,
    My proper harme should buy your highnes good,
[King.] These are the vulger tenders of false men,
    That neuer pay the duetie of their words,
    Thou wilt not sticke to sweare what thou hast said,
    But when thou knowest my griefes condition,
    This rash disgorged vomit of thy word,
    Thou wilt eate vp againe and leaue me helples.

War. By heauen I will not though your maiestie,
    Did byd me run vpon your sworde and die.
[King.] Say that my greefe is no way medicinable,
    But by the losse and bruising of thine honour,
War: Yf nothing but that losse may vantage you,
    I would accomplish that losse my vauntage to,
King. Thinkst that thou canst answere thy oth againe,
War. I cannot nor I would not if I could.

King. But if thou dost what shal I say to thee,
War. What may be said to anie periurd villane,
    That breake the sacred warrant of an oath,
King. What wilt thou say to one that breaks an othe,
War. That hee hath broke his faith with God and man,
    And from them both standes excommunicat,
King. What office were it to suggest a man,
    To breake a lawfull and religious vowe.

Sich hielte und die Zunge drosselte,
Wenn sie freigiebig fälscht, was darin steht.
WARWICK Fern sei es der Ehre meines Alters,
Goldne Schulden bleiern zu begleichen:
Das Alter schmeichelt nicht, es sieht die Fehler.
Ich sags nochmal, wüßt ich, was Euch bedrückt,
Und ich vermöchte Euren Gram zu mindern,
Mit eignem Jammer kaufte ich Euch los.
KÖNIG EDWARD Das offerieren alle falschen Männer,
Die niemals zahlen, was ihr Wort uns schuldet.
Jetzt möchtest du beschwören, was du sprachst,
Doch kennst du erst den Umstand meines Trübsinns,
Wirst du dein Wort, so vorschnell hier erbrochen,
Zurück in deinen Schlund dir stopfen wollen,
Und unberaten mich und hilflos lassen.
WARWICK Beim Himmel, nein, befiehlt mir auch mein König,
Mich in sein Schwert zu stürzen und zu sterben.
KÖNIG EDWARD Gesetzt, mein Gram sei anders nicht kurier-
Als durch Verlust und Schändung deiner Ehre.   [bar,
WARWICK Kann der Verlust für Euch von Vorteil sein,
Trag ich als Vorteil den Verlust mir ein.   [kannst?
KÖNIG EDWARD Hoffst du, daß du den Eid verschwören
WARWICK Ich kann es nicht, noch wollt ichs, wenn ichs
                                    [könnte.
KÖNIG EDWARD Tust du es doch, was soll ich zu dir sagen?
WARWICK Was man zu jedem Schurken sagen darf,
Der eines Eids geheiligt Siegel brach.
KÖNIG EDWARD Was sagst du dem, der einen Eid gebrochen?
WARWICK Daß er mit Gott gebrochen hat und Menschen,
Und fern von beiden selbst sich aufgestellt.
KÖNIG EDWARD Was für ein Amt ist es, zu einem Bruch
Beschwornen Eides jemand zu bereden?

W*ar.* *A*n office for the deuill not for man,
K*i.* That deuilles office must thou do for me,
  Or breake thy oth or cancell all the bondes,
  Of loue and duetie twixt thy self and mee,
  And therefore Warwike if thou art thy selfe,
  The Lord and master of thy word and othe,

  Go to thy daughter and in my behalfe,
  Comaund her, woo her, win her anie waies,
  To be my mistres and my secret loue,
  I will not stand to heare thee make reply,
  Thy oth breake hers or let thy souereigne dye.   *Exit.*
[War.]: O doting King, or detestable office,
  Well may I tempt my self to wrong my self,
  When he hath sworne me by the name of God,
  To breake a vowe made by the name of God,

  What if I sweare by this right hand of mine,
  To cut this right hande of the better waie,
  Were to prophaine the Idoll then confound it,
  But neither will I do Ile keepe myne oath,
  And to my daughter make a recantation,
  Of all the vertue I haue preacht to her,

  Ile say she must forget her husband Salisbury,
  If she remember to embrace the king,
  Ile say an othe may easily be broken,
  But not so easily pardoned being broken:
  Ile say it is true charitie to loue,
  But not true loue to be so charitable;

WARWICK Ein Amt des Teufels, keines Menschen Amt.

KÖNIG EDWARD Dies Teufelsamt sollst du für mich bekleiden,
Sonst brich du deinen Eid, sonst reiße du
Jedwedes Band aus Treue und Gehorsam
Von dir zu mir entzwei. Und darum, Warwick,
Wenn du dir gehörst, und Herr und Meister
Des eignen Worts und deines Eides bist,
Geh zu deiner Tochter, und für mich
Befiehl ihr, red ihr zu, gewinne sie,
Gleich wie, Mätresse heimlich mir zu sein.
Ich stehe nicht hier, bis ich die Antwort hab:
Dein Wort bricht ihrs, sonst leg mich in mein Grab.   *Ab.*

WARWICK O geiler König! O verhaßtes Amt!
Nun mag mein Ich mein Ich zu hintergehn
Versucht sein, so wie er, im Namen Gottes,
Mich schwören machte, einen Eid, geschworen
Im Namen Gottes, zu zerbrechen. Was,
Wenn ich bei dieser meiner rechten Hand
Geschworen hätte, sie mir abzuhaun?
Vernünftiger wärs dann, ich profanierte
Den Götzen, statt ihn gänzlich zu vernichten.
Doch nichts von beidem tu ich: ich will halten,
Was ich schwur, und will, vor meiner Tochter,
Jedwede Tugend widerrufen, die ich ihr
Dermaleinst gepredigt hab. Vergessen,
Will ich sagen, muß sie ihren Gatten,
Wenn sie drauf denkt, den König zu umarmen;
Gebrochen, will ich sagen, ist ein Eid
Nur allzu leicht, doch ist er erst gebrochen
So leicht nicht verziehen; eine Wohltat,
Will ich sagen, ist die Liebe, aber
So wohltätig sein ist keine Liebe;

Ile say his greatnes may beare out the shame,
But not his kingdome can buy out the sinne;
Ile say it is my duety to perswade,
But not her honestie to giue consent.

See where she comes, was neuer father had,
Against his child, an embassage so bad.

Co: My Lord and father, I haue sought for you:
　　My mother and the Peeres importune you,
　　To keepe in promise of his maiestie.
　　And do your best to make his highnes merrie.
War. How shall I enter in this gracelesse arrant,
　　I must not call her child, for wheres the father,
　　That will in such a sute seduce his child:
　　Then wife of Salisbury shall I so begin:
　　No hees my friend, and where is found the friend
　　That will doe friendship snch indammagement:
　　Neither my daughter, nor my deare friends wife,
　　I am not Warwike as thou thinkst I am,
　　But an atturnie from the Court of hell:
　　That thus haue housd my spirite in his forme,
　　To do a message to thee from the king:
　　The mighty king of England dotes on thee:
　　He that hath power to take away thy life,
　　Hath power to take thy honor, then consent,

Seine Größe, will ich sagen, spricht ihn
Von Schande frei, doch kauft ihn von der Sünde
Sein Königreich nicht los; die Pflicht gebietet
Mir, ihr zuzureden, will ich sagen,
Doch nicht die Ehre ihr, mir zuzustimmen.

Seht da, sie kommt. Noch nie war doch ein Vater
Seinem Kind ein schlechterer Berater.

4. Szene

Warwick, Gräfin.

GRÄFIN Nach Euch, mein Vater, bin ich auf der Suche.
Meine Mutter und die Peers erbitten dringlich,
Daß Ihr des Königs Nähe sucht und Euch
Nach besten Kräften müht, ihn aufzuheitern.
WARWICK Wie fang ichs an, dies schmutzige Geschäft?
Ich darf nicht sagen ›Kind‹, denn welcher Vater
Will schon der Kuppler seines Kindes sein?
›Salisburys Gattin‹ – soll ich so beginnen?
Nein, er ist mein Freund, und welch ein Freund
Fügt einer Freundschaft solchen Schaden zu? –
Du Nicht-mein-Kind, noch meines Freundes Frau,
Denkst du, ich bin Warwick? Ich bins nicht,
Vielmehr ein Anwalt des Gerichts der Hölle,
Der geisterhaft in meine Form geschlüpft ist,
Um vom König Botschaft dir zu bringen.
Englands König lüstet es nach dir:
Ihm, dem Gewalt gegeben, dir das Leben
Wegzunehmen, ist Gewalt gegeben,
Dir die Ehre wegzunehmen; stimme zu,

To pawne thine honor rather then thy life;
Honor is often lost and got againe,
But life once gon, hath no recouerie:
The Sunne that withers heye doth nourish grasse,
The king that would distaine thee, will aduance thee:
The Poets write that great Achilles speare,
Could heale the wound it made: the morrall is,
What mighty men misdoo, they can amend:
The Lyon doth become his bloody iawes,
And grace his forragement by being milde,
When vassell feare lies trembling at his feete,
The king will in his glory hide thy shame,
And those that gaze on him to finde out thee,
Will loose their eie-sight looking in the Sunne:
What can one drop of poyson harme the Sea,
Whose hugie vastures can digest the ill,
And make it loose his operation:
The kings great name will temper their misdeeds,
And giue the bitter portion of reproch:
A sugred sweet, and most delitious tast:
Besides it is no harme to do the thing,
Which without shame, could not be left vndone;
Thus haue I in his maiesties behalfe,
Apparraled sin, in vertuous sentences,
And dwel vpon thy answere in his sute.

Cou: Vnnaturall beseege, woe me vnhappie,
To haue escapt the danger of my foes,
And to be ten times worse inuierd by friends:
Hath he no meanes to stayne my honest blood,
But to corrupt the author of my blood,
To be his scandalous and vile soliciter:

Die Ehre, statt des Lebens, zu verpfänden;
Die Ehre wird verloren und gewonnen,
Das Leben aber kennt die Rückkunft nicht.
Die Sonne, die das Heu dörrt, nährt das Gras:
Der König, der dich schändet, hebt dich auf.
Die Dichter schreiben, des Achilleus Lanze
Heilte Wunden, die sie schlug: das lehrt uns,
Wo Macht mißbraucht, vermag sie auch zu bessern.
Der Löwe adelt seine blutgen Kiefer
Und seine Stärke, wenn er gnädig sich
Der Knechtsfurcht zeigt, die ihm zu Füßen bebt.
In seinem Licht verhüllt der König deine Schmach,
Und wer ihn anstarrt, dich bei ihm zu finden,
Wird wie vom Sonnenglanz geblendet sein.
Was kann ein Tropfen Gift dem Meer anhaben,
Des Unermeßlichkeit das Schlimme schluckt
Und ihm die Wirkung nimmt? Des Königs Würde
Besänftigt deine Missetat und macht,
Daß der gallebittre Trank der Schande
Zuckrig, süß und hoch willkommen schmeckt.
Auch ists unschädlich, solch ein Ding zu tun,
Das ohne Tadel ungetan nicht bleibt.
Ich habe, namens Seiner Majestät,
Die Sünde eingekleidet in Sentenzen,
Tugendsame, und ich harre nun
Der Antwort, die du diesem Antrag gibst.
GRÄFIN Belagert wider die Natur! Ich Ärmste,
Die ich der Faust des Feinds entkam, und zehnfach
Übler nun bedrängt von Freunden bin!
Weiß er keinen Weg, mein Blut zu schänden,
Als meines Bluts Urheber zu bestechen
Als schamlos niederträchtigen Agenten?

No maruell though the braunches be then infected,
When poyson hath encompassed the roote:
No maruell though the leprous infant dye,
When the sterne dame inuennometh the Dug:
Why then giue sinne a pasport to offend,
And youth the dangerous reigne of liberty:
Blot out the strict forbidding of the law,
And cancell euery cannon that prescribes,
A shame for shame, or pennance for offence,
No let me die, if his too boystrous will,
Will haue it so, before I will consent,
To be an actor in his gracelesse lust,
Wa: Why now thou speakst as I would haue thee speake,
And marke how I vnsaie my words againe,
An honorable graue is more esteemd,
Then the polluted closet of a king,
The greater man, the greater is the thing,
Be it good or bad that he shall vndertake,
An vnreputed mote, flying in the Sunne,
Presents a greater substaunce then it is:
The freshest summers day doth soonest taint,
The lothed carrion that it seemes to kisse:
Deepe are the blowes made with a mightie Axe,
That sinne doth ten times agreuate it selfe,
That is committed in a holie place,
An euill deed done by authoritie,
Is sin and subbornation: Decke an Ape
In tissue, and the beautie of the robe,
Adds but the greater scorne vnto the beast:
A spatious field of reasons could I vrge,
Betweene his gloomie daughter and thy shame,
That poyson shewes worst in a golden cup,

Kein Wunder, daß der Zweig verdorrt,
Ist Gift in seine Wurzel eingedrungen;
Kein Wunder, wenn der kranke Säugling stirbt,
Salzt seine harte Mutter ihre Brust.
Auf denn, gebt der Sünde einen Freibrief,
Und laßt die Jugend zwanglos sich regieren;
Streicht, was das Recht streng untersagte, durch,
Und löscht Gesetze aus, die vorgeschrieben,
Daß auf Schmach Schmach steht, Strafe auf Gewalttat.
Nein, laßt mich sterben, wenn sein roher Wille
Es so will, eh ich mich willig füge,
In seinem schnöden Lustspiel mitzuspielen.
WARWICK Du sprichst, wie ich mir wünschte, daß du sprichst,
Und merke, wie ich selbst mein Wort zurücknehm:
Ein ehrenvolles Grab wird mehr geachtet,
Als das entweihte Schlafgemach des Königs;
Je größer einer ist, je größer ist
Das, was er tut, obs gut ist oder böse;
Ein Stäubchen, das auf Sonnenstrahlen tanzt,
Gaukelt mehr Substanz vor, als es hat;
Am heißen Sommertag verwest das Aas,
Das er zu küssen vorgibt, schneller. Tiefer
Geht der Hieb der großen Axt. Die Sünde
Wiegt zehnmal schwerer, die an heilger Stätte
Begangen wird. Der Übergriff der Macht
Ist Schande und Erpressung; kleide
Einen Affen ein in Samt und Seide,
Und der Rock, je mehr er hermacht, zieht
Desto mehr Verachtung auf das Tier.
Ein weites Feld von guten Gründen streckt
Sich von seinem Ruhm zu deiner Schande,
Mein Kind: daß Gift am ärgsten ist

Darke night seemes darker by the lightning flash,
Lillies that fester, smel far worse then weeds,
And euery glory that inclynes to sin,
The shame is treble, by the opposite,
So leaue I with my blessing in thy bosome,
Which then conuert to a most heauie curse,
When thou conuertest from honors golden name,
To the blacke faction of bed blotting, shame.
Coun: Ile follow thee, and when my minde turnes so,
My body sinke, my soule in endles woo.   *Exeunt.*

Enter at one doore Derby from Fraunce, At an other doore,
Audley with a Drum.

Der. Thrice noble Audley, well incountred heere,
How is it with our soueraigne and his peeres?
Aud. Tis full a fortnight since I saw his highnes,
What time he sent me forth to muster men,
Which I accordingly haue done and bring them hither,
In faire aray before his maiestie:
What newes my Lord of Derby from the Emperor.
Der. As good as we desire: the Emperor
Hath yeelded to his highnes friendly ayd,
And makes our king leiuetenant generall
In all his lands and large dominions,
Then *via* for the spatious bounds of Fraunce;
Aud. What doth his highnes leap to heare these newes?
Der. I haue not yet found time to open them,
The king is in his closet malcontent,

In goldnem Kelch; die Nacht nach einem Blitz
Noch finstrer scheint; die Lilie, welkt sie, übler
Als alles Unkraut riecht; und wo sich Größe
Zur Sünde neigt, ihr Gegenbild sie dreimal
So tief beschämt. Ich lasse dich, im Busen
Meinen Segen, der zum schwersten Fluch
Sich kehrt, kehrst du aus goldnem Ehebande
Dich zu dem schwarzen Troß befleckter Schande.
GRÄFIN Ich folge dir, und falls ich dennoch fehle,
Verdammt mein Leib für immer meine Seele.

Gräfin und Warwick ab.

5. Szene

Derby und Audley von verschiedenen Seiten,

DERBY Hochedler Audley, gut, Euch hier zu treffen.
Wie geht es unserm König und den Peers?
AUDLEY Seine Hoheit sah ich vor zwei Wochen,
Als er mir auftrug, Männer anzumustern,
Was ich auch tat, und bringe sie hierher,
Vor Seine Majestät in guter Ordnung.
Was gibt es Neues, Derby, von dem Kaiser?
DERBY Was wir erhofften: Seiner Hoheit sagt
Der Kaiser freundlich Hilfe zu und macht ihn
Zum Generalleutnant im Reichsgebiet.
Drum *via* gegen Frankreichs weite Grenzen!

AUDLEY Der König hüpfte bei der Nachricht, wie?
DERBY Ich fand noch nicht die Zeit, ihms zu eröffnen;
Er weilt auf seinen Zimmern, mißvergnügt,

For what I know not, but he gaue in charge,
Till after dinner, none should interrupt him:
The Countesse Salisbury, and her father Warwike,
Artoyes, and all looke vnderneath the browes.

Aud: Vndoubtedly then some thing is a misse.

Enter the King.

Dar, The Trumpets sound, the king is now abroad,

Ar. Hhere comes his highnes.
Der. Befall my soueraigne, all my soueraignes wish,
King. Ah that thou wert a Witch to make it so.
Der. The Emperour greeteth you.
Kin. Would it were the Countesse.
Der. And hath accorded to your highnes suite,
King. Thou lyest she hath not, but I would she had,
Au. All loue and duety to my Lord the King.
Kin. Well all but one is none, what newes with you?
Au. I haue my liege, leuied those horse and foote.
   According as your charge, and brought them hither.
Kin. Then let those foote trudge hence vpon those horse,
   According too our discharge and be gonne:
   Darby Ile looke vpon the Countesse minde anone,
Dar The Countesse minde my liege.
Kin. I meane the Emperour, leaue me alone.
Au. What is his mind?
Dar. Lets leaue him to his humor.   *Exunt.*
Ki: Thus from the harts aboundant speakes the tongue,
   Countesse for Emperour, and indeed why not?
   She is as imperator ouer me, and I to her
   Am as a kneeling vassaile that obserues,
   The pleasure, or displeasure of her eye

Weswegen weiß ich nicht, und gab Befehl,
Ihn dürfe niemand vor dem Essen stören.
Die Gräfin Salisbury, ihr Vater Warwick,
Artois, und alle, blicken unter sich.

AUDLEY Dann geht hier etwas nicht so, wie es soll.

Trompete.

DERBY Trompetenton, der König kam heraus.

König Edward.

AUDLEY Hier naht sich Seine Hoheit.

DERBY Dem König werde, was der König wünscht.

KÖNIG EDWARD Ah, wärst du eine Hexe, die mirs schafft!

DERBY Der Kaiser grüßt –

KÖNIG EDWARD Ich wollt, es wär die Gräfin.

DERBY Und stimmt dem Antrag Eurer Hoheit zu –

KÖNIG EDWARD Du lügst, das tat sie nicht, ich wollt, sie täts.

AUDLEY Alle Liebe, alle Treue meinem König. [Neues?

KÖNIG EDWARD Fehlt eine, ist keine. – Was bringst du mir

AUDLEY Ich hob, mein Fürst, Euch Reiter aus und Fußvolk,
Und bringe sie, wie angewiesen, her.

KÖNIG EDWARD Aufsitzen laß das Fußvolk bei den Reitern,
Und hebe dich, wie abgewiesen, weg.
Derby, der Gräfin Antwort les ich später.

DERBY Antwort der Gräfin, Fürst?

KÖNIG EDWARD Des Kaisers, meine ich. – Laßt mich allein.

AUDLEY Welche Antwort?

DERBY Laßt ihn seiner Laune. *Beide ab.*

KÖNIG EDWARD Wem das Herz voll, dessen Mund läuft über:
›Gräfin‹ statt ›Kaiser‹ – und warum auch nicht?
Sie ist der Imperator, und ich bin
Vor ihr ein knieender Vasall, der lauert,
Ob ihr Blick von Huld spricht oder Haß.

Enter Lodwike.

Ki: What saies the more then Cleopatras match,
    To Caesar now?
Lo: That yet my liege ere night,
    She will resolue your maiestie.

Ki: What drum is this that thunders forth this march,
    To start the tender Cupid in my bosome,
    Poore shipskin how it braules with him that beateth it:
    Go breake the thundring parchment bottome out,
    And I will teach it to conduct sweete lynes,
    Vnto the bosome of a heauenly Nymph,
    For I will vse it as my writing paper,
    And so reduce him from a scoulding drum,
    To be the herald and deare counsaile bearer,
    Betwixt a goddesse, and a mighty king:
    Go bid the drummer learne to touch the Lute,
    Or hang him in the braces of his drum,
    For now we thinke it an vnciuill thing,
    To trouble heauen with such harsh resounds, Away. *Exit.*

    The quarrell that I haue requires no armes,
    But these of myne, and these shall meete my foe,
    In a deepe march of penytrable grones,
    My eyes shall be my arrowes, and my sighes
    Shall serue me as the vantage of the winde,
    To wherle away my sweetest artyllerie:
    Ah but alas she winnes the sunne of me,
    For that is she her selfe, and thence it comes,

6. Szene

König Edward. Lodowick.

KÖNIG EDWARD Was läßt die Schönre als Cleopatra
    Dem Caesar melden?
LODOWICK Daß sie, noch vor Nacht,
    Mein Fürst, Euch Antwort geben will.
                            Trommel.
KÖNIG EDWARD Welch eine Trommel donnert diesen Marsch,
    Mir in der Brust das Kind Cupido schreckend?
    Arme Schafshaut, fluchst dem, der dich schlägt!
    Geh, reiß das laute Pergament herunter,
    Und lehren will ich es, verliebte Verse
    In einer Himmelsnymphe Brust zu tragen;
    Denn als mein Schreibpapier will ich es nehmen,
    Und, statt einer Trommel zum Gezänk,
    Dient es als Herold und als Liebesbote,
    Der eine Göttin eint und einen König.
    Geh, laß den Trommler Laute spielen lernen,
    Oder häng ihn an der Trommelschnur,
    Denn Uns erscheints ein ungehörig Ding nun,
    Den Himmel mit so harschem Lärm zu ärgern.
    Hinweg.   *Lodowick ab.*
    Ich lieg in einem Krieg, der als Armee
    Nur meine Arme braucht, und die umfassen
    Den Feind mit einer Marschmusik aus Seufzern;
    Pfeile meine Blicke und mein Stöhnen
    Wind, der mir günstig ist und die vernarrten
    Geschosse wie im Sturm davonträgt. Aber
    Weh mir, ihr im Rücken steht die Sonne,
    Denn sie selbst ist die, und daher kommts,

That Poets tearme, the wanton warriour blinde:
But loue hath eyes as iudgement to his steps,
Till two much loued glory dazles them?
How now.

Enter Lodwike.

Lo. My liege the drum that stroke the lusty march,
Stands with Prince Edward your thrice valiant sonne.

Enter Prince Edward.

King. I see the boy, oh how his mothers face,
Modeld in his, corrects my straid desire,
And rates my heart, and chides my theeuish eie,
Who being rich ennough in seeing her,
Yet seekes clsewhere and basest theft is that,
Which cannot cloke it selfe on pouertie.
Now boy, what newes?

Pr. E. I haue assembled my deare Lord and father,
The choysest buds of all our English blood,
For our affaires to Fraunce, and heere we come,
To take direction from your maiestie.

Kin: Still do I see in him deliniate,
His mothers visage, those his eies are hers,
Who looking wistely on me, make me blush:
For faults against themselues, giue euidence,
Lust as a fire, and me like lanthorne show,
Light lust within them selues; euen through them selues:
A way loose silkes or wauering vanitie,
Shall the large limmit of faire Brittayne.
By me be ouerthrowne, and shall I not,
Master this little mansion of my selfe;
Giue me an Armor of eternall steele,
I go to conquer kings, and shall I not then

Daß der betörte Schütze blind genannt wird.
Sehend tut die Liebe erste Schritte,
Bis daß ihr gleißend heller Strahl sie blendet.

Lodowick.

Und nun?   [schlagen,

LODOWICK Mein Fürst, die Trommel, die den Marsch ge-
Gehört Prinz Edward, Eurem tapfren Sohn.   *Ab.*

Prinz Edward.

KÖNIG EDWARD *beiseite.* Der Junge. O, wie seiner Mutter
In seinem abgeformt, mein wilderndes   [Antlitz,
Verlangen einfängt, und mein Herz beschämt,
Und mir den Diebesblick verweist, der, reich
Genug schon damit, sie zu sehn, nach anderm
Hinschielt; und das ist der ärgste Diebstahl,
Der sich mit Armut nicht bemänteln kann.
Was gibt es Neues, Junge?

PRINZ Erlesen habe ich, mein Herr und Vater,
Die schönsten Knospen Euch aus Englands Jugend,
Für unsre Frankreichhändel, und wir kommen,
Um Eurer Majestät Befehl zu hören.

KÖNIG EDWARD *beiseite.* Noch sehe ich in seinen Zügen nur
Seine Mutter nachgezeichnet: Augen
Wie die ihren, faßt ihr fester Blick mich,
Erröte ich, denn gegen sich zeugt Falschheit.
Begierde ist ein Feuer, und in Menschen,
Wie in Laternen, flackert seine Flamme,
Und leuchtet so aus Menschen auch heraus.
Weg, seidenweiche Unbeständigkeit!
Ich will die Bretagne überrennen,
Und soll im Hüttchen meines Selbst auf Ordnung
Nicht halten können? Einen Panzer her
Aus immerblankem Eisen, auf die Jagd

Subdue my selfe, and be my enimies friend,
It must not be, come boy forward, aduaunce,
Lets with our coullours sweete the Aire of Fraunce.

Enter Lodwike.

Lo. My liege, the Countesse with a smiling cheere.
      Desires accesse vnto your Maiestie.
King. Why there it goes, that verie smile of hers,
      Hath ransomed captiue Fraunce, and set the King,
      The Dolphin and the Peeres at liberty,
      Goe leaue me Ned, and reuell with thy friends. *Exit Pr.*

      Thy mother is but blacke, and thou like her.
      Dost put it in my minde how foule she is,
      Goe fetch the Countesse hether in thy hand, *Exit Lod.*
      And let her chase away these winter clouds,
      For shee giues beautie both to heauen and earth,

      The sin is more to hacke and hew poore men,
      Then to embrace in an vnlawfull bed,
      The register of all rarieties,
      Since Letherne Adam, till this youngest howre.
                  Enter Countesse.
King. Goe Lodwike, put thy hand into thy purse,
      Play, spend, giue, ryot, wast, do what thou wilt,
      So thou wilt hence awhile and leaue me heere.

Nach Königen geh ich, und soll hier schöntun
Und meiner Feinde Freund sein? Das doch nicht!
Auf Frankreich, Junge, wollen wir uns stürzen,
Mit unsern Farben seine Luft zu würzen.

Lodowick.

LODOWICK Mein König, es begehrt die Gräfin Zutritt
Zu Eurer Majestät, und tut es lächelnd.

KÖNIG EDWARD Nun denn, da gehst du hin, Krieg: dies ihr
Hat Frankreich losgekauft, und frei den König,   [Lächeln
Den Dauphin und ihre Peers gemacht.
Verlaß mich, Ned, geh mit den Freunden feiern.

Prinz Edward ab.

Schwarz ist deine Mutter ja, und du,
Ihr gleich, mahnst mich, wie widerlich sie ist.
Geh, gib der Gräfin bis hierher Geleit,
Damit sie diesen Winterhimmel aufklart,
Denn sie läßt Erd und Firmament erglänzen.

Lodowick ab.

Viel größre Sünde ists doch, arme Kerle
Zerhauen und zerhacken, als im Buhlbett
Die Sammlung aller Vorzüge zu herzen,
Von Adams Fellschurz bis zur jüngsten Stunde.

Lodowick. Gräfin.

Geh, Lodwick, steck die Hand in deine Börse,
Verspiel, verschenk, vergeude wie du willst,
Läßt du mich nur ein Weilchen hier in Frieden.

Lodowick ab.

Now my soules plaiefellow art thou come,
To speake the more then heauenly word of yea,
To my obiection in thy beautious loue.
Count. My father on his blessing hath commanded.
King. That thou shalt yeeld to me.
Coun: I deare my liege, your due.
King. And that my dearest loue, can be no lesse,
Then right for right, and render loue for loue.
Count: Then wrong for wrong, and endles hate for hate:
But sith I see your maiestie so bent,
That my vnwillingnes, my husbands loue,
Your high estate, nor no respect respected,
Can be my helpe, but that your mightines:
Will ouerbeare and awe these deare regards,
I bynd my discontent to my content,
And what I would not, Ile compell I will,
Prouided that your selfe remoue those lets,
That stand betweene your highnes loue and mine,

King: Name then faire Countesse, and by heauen I will.
Co: It is their liues that stand betweene our loue.
That I would haue chokt vp my soueraigne.
Ki. Whose liues my Lady?
Co. My thrice louing liege,
Your Queene, and Salisbury my wedded husband,
Who liuing haue that tytle in our loue,
That we cannot bestow but by their death,
Ki: Thy opposition is beyond our Law,

7. Szene

König Edward. Gräfin.

KÖNIG EDWARD Nun, Gespielin meiner Seele, kamst du,
  Das mehr als himmlische Wort Ja zu sprechen,
  Zu dem, was ich von deiner Liebe fordre?
GRÄFIN Den Segen gab mein Vater und Befehl mir –
KÖNIG EDWARD Dich mir zu geben.
GRÄFIN Ja, mein teurer Fürst, ganz nach Gebühr.
KÖNIG EDWARD Und die, Geliebte, kann geringer nicht,
  Als Gunst für Gunst und Lieb für Liebe sein.
GRÄFIN Als Schuld für Schuld, und Haß, endlos, für Haß.
  Doch da ich Majestät derart gestimmt seh,
  Daß nicht mein Widerwille, noch die Liebe
  Meines Manns, noch Euer hoher Stand,
  Noch das Achten irgendeiner Achtung
  Mir helfen, Eure Allgewalt hingegen
  Die schöne Rücksicht unterdrückt und stumm macht,
  Beug ich mein Mißfallen dem Gefallen,
  Und zwinge mich, was ich nicht will, zu wollen,
  Gesetzt, Ihr räumt die Hindernisse weg,
  Die zwischen Eurer Liebe stehn und meiner.
KÖNIG EDWARD Nennt sie, Gräfin, und ich tus, beim Himmel.
GRÄFIN Die Leben derer sinds, die unsrer Liebe
  Im Weg stehn und vertilgt sein müssen, Hoheit.
KÖNIG EDWARD Mylady, wessen Leben?
GRÄFIN Teurer Fürst,
  Das Eurer Königin und meines Gatten,
  Die, leben sie, ein Liebesanrecht haben,
  Das nur ihr Tod uns wiedergeben kann.
KÖNIG EDWARD Gesetzlich ist dein Gegenvorschlag nicht.

Co. So is your desire, if the law
   Can hinder you to execute the one,
   Let it forbid you to attempt the other:
   I Cannot thinke you loue me as you say,
   Vnlesse you do make good what you haue sworne.
[K*i.*] No more, thy husband and the Queene shall dye,
   Fairer thou art by farre, then Hero was,
   Beardles Leander not so strong as I:
   He swome an easie curraunt for his loue,
   But I will throng a hellie spout of bloud,
   To arryue at Cestus where my Hero lyes.
Co: Nay youle do more, youle make the Ryuer to,
   With their hart bloods, that keepe our loue asunder,
   Of which my husband, and your wife are twayne.
K*i.* Thy beauty makes them guilty of their death,
   And giues in euidence that they shall dye,
   Vpon which verdict I their Iudge condemne them.
Co: O periurde beautie, more corrupted Iudge:
   When to the great Starre-chamber ore our heads,
   The vniuersell Sessions cals to count,
   This packing euill, we both shall tremble for it.
K*i.* What saies my faire loue, is she resolute?
Co. Resolute to be dissolude, and therefore this,
   Keepe but thy word great king, and I am thine,
   Stand where thou dost, ile part a little from thee
   And see how I will yeeld me to thy hands:
   Here by my side doth hang my wedding knifes,
   Take thou the one, and with it kill thy Queene
   And learne by me to finde her where she lies
   And with this other, Ile dispatch my loue,
   Which now lies fast a sleepe within my hart,

GRÄFIN Noch dein Begehren. Hindert das Gesetz
    Dich am Vollbringen dieses einen, mag es
    Dir den Versuch des andern auch verbieten.
    Du liebst mich so nicht, wie du es behauptest,
    Wenn du nicht hältst, was du geschworen hast.
KÖNIG EDWARD Nichts mehr: die Königin und dein Gemahl
    Sind tot. Weit schöner bist als Hero du,
    Leander, bartlos, war nicht stark wie ich:
    Er schwamm verliebt in leichter Strömung, ich
    Bezwinge einen Hellespont von Blut,
    Bis ich in Sestos bin, wo Hero harrt.
GRÄFIN Nein, du tust mehr: du schaffst noch das Gewässer,
    Aus Herzblut derer, die uns Hemmung sind,
    Der beiden, meinem Mann und deiner Frau.
KÖNIG EDWARD Deine Schönheit spricht des Tods sie schuldig,
    Und legt das Zeugnis ab, durch das sie sterben,
    Auf das hin ich, ihr Richter, sie verdamme.
GRÄFIN O Meineidsschönheit! O bestochner Richter!
    Wenn in den Sternensaal uns überm Haupt
    Das Weltgericht zur Rechenschaft einst ruft:
    Die Übeltat, sie wird uns zittern machen.   [schlossen?
KÖNIG EDWARD Was spricht die Liebste? Bist du nun ent-
GRÄFIN Entschlossen, abzuschließen, und drum dies:
    Steh, großer König, du zu deinem Wort,
    Und ich bin dein. Bleib, wo du bist –
    Ich trete nur ein wenig von dir weg – und sieh,
    Wie ich in deine Hand mich geben will.
    Zwei Messer trägt die Braut an ihrem Gürtel:
    Nimm den, und töte deine Königin,
    Ich will dich lehren, wo sie ruht. Mit diesem
    Tu ich meine Liebe ab, die noch
    In tiefem Schlaf in meinem Herzen liegt.

When they are gone, then Ile consent to loue:
Stir not lasciuious king to hinder me,
My resolution is more nimbler far,
Then thy preuention can be in my rescue,
And if thou stir, I strike, therefore stand still,
And heare the choyce that I will put thee to:
Either sweare to leaue thy most vnholie sute,
And neuer hence forth to solicit me,
Or else by heauen, this sharpe poynted knyfe,
Shall staine thy earth, with that which thou would staine:
My poore chast blood, sweare Edward sweare,
Or I will strike and die before thee heere.

King. Euen by that power I sweare that giues me now,
  The power to be ashamed of my selfe,
  I neuer meane to part my lips againe,
  In any words that tends to such a sute.
  Arise true English Ladie, whom our Ile
  May better boast of then euer Romaine might,
  Of her whose ransackt treasurie hath taskt,
  The vaine indeuor of so many pens:
  Arise and be my fault, thy honors fame,
  Which after ages shall enrich thee with,
  I am awaked from this idle dreame,

  Warwike, my Sonne, Darby, Artoys and Audley,
  Braue warriours all, where are you all this while?
                    Enter all.
  Warwike, I make thee Warden of the North,
  Thou Prince of Wales, and Audley straight to Sea,
  Scoure to New-hauen, some there staie for me:

Sind sie dahin, ergeb ich mich dem Lieben.
Kein Schritt, verbuhlter König, mich zu hindern:
Bei weitem rascher ist mir mein Entschluß,
Als dein Bemühn, mich dir zu retten, sein kann;
Ein Schritt, und ich stech zu – drum rühr dich nicht,
Und hör, vor welche Wahl ich dich nun stelle:
Entweder schwörst du, von mir abzulassen,
Und mich nie wieder gottlos zu bedrängen,
Oder der geschärfte Dolch, beim Himmel,
Befleckt mit dem dir deine Erde, das
Du beflecken willst, mein keusches Blut.
Schwöre, Edward, König, schwöre mir,
Sonst stoß ich zu, und sterbe hier, vor dir.
KÖNIG EDWARD Bei eben der Kraft schwör ich, die mir jetzt
Die Kraft gibt, meiner mich zu schämen, nie mehr
Will ich die Lippen einem Wort auftun,
Das solcher Nachstellung gewidmet ist.
Erhebt Euch, eine wahre Lady Englands,
Die unserm Eiland größres Recht, mit ihr
Zu prahlen gibt, als je dem Römer sie,
Lukretia, deren frech geraubter Schatz
So viele eitle Federkiele spreizte.
Steht auf, und wo ich fehltrat, wächst Euch Ruhm,
Den Euch die Nachwelt reichlich gönnen wird.
Ich bin erwacht aus diesem faulen Traum. –
Prinz Edward. Warwick. Derby. Artois. Audley.
Warwick, mein Sohn und Derby, Artois, Audley,
Ihr tapfren Krieger, wo wart Ihr all die Zeit?

Warwick, du sollst mir den Norden hüten;
Ihr, Prinz von Wales und Audley, stecht in See,
Kurs auf Newhaven: da soll ein Geschwader

My selfe, *Artoys* and Darby will through Flaunders,
To greete our friends there, and to craue their aide,
This night will scarce suffice me to discouer,
My follies seege, against a faithfull louer,
For ere the Sunne shal guide the esterne skie,
Wele wake him with our Marshall harmonie.   *Exeunt.*

*Enter King Iohn of Fraunce, his
two sonnes, Charles of Normandie, and Phillip, and the
Duke of Lorraine.*

King Iohn.
    Heere till our Nauie of a thousand saile,
    Haue made a breakfast to our foe by Sea,
    Let vs incampe to wait their happie speede:
    Lorraine what readines is Edward in?
    How hast thou heard that he prouided is
    Of marshiall furniture for this exployt.
Lo: To lay aside vnnecessary soothing,
    And not to spend the time in circumstaunce,
    Tis bruted for a certenty my Lord,
    That hees exceeding strongly fortified,
    His subiects flocke as willingly to warre,
    As if vnto a tryumph they were led.
Ch: England was wont to harbour malcontents,
    Blood thirsty, and seditious Catelynes,
    Spend thrifts, and such as gape for nothing else,

Uns erwarten. Wir, Artois und Derby,
Brechen auf nach Flandern, Unterstützung
Von den Verbündeten uns zu erbitten.
Für den Bericht von meiner dummen Schlacht
Mit treuer Liebe ist dies nicht die Nacht,
Denn eh die Sonne rötet diesen Himmel,
Sei er geweckt durch unser Kriegsgetümmel.   *Alle ab.*

Dritter Akt
1. Szene

*König John von Frankreich, seine Söhne Charles, Herzog der
Normandie, und Philip. Lorraine.*

KÖNIG JOHN Hier lagern Wir, bis Unsere Marine,
An tausend Segel stark, dem Feind zur See
Ein Frühstück machte, und Uns siegreich heimkehrt.
Lorraine, wie gut ist Edward vorbereitet?
Vernahmst du, wie mit Kriegsgerät er sich
Gewappnet hat für diese Unternehmung?

LORRAINE Um nicht unnötig schönzufärben, Herr,
Und an viel Umschweif Zeit nicht zu vergeuden,
's geht das Gerücht, das mehr als ein Gerücht scheint,
Er sei ganz ungewöhnlich stark gerüstet:
Sein Volk läuft ihm so willig in den Krieg,
Als wolle im Triumphzug ers geleiten.
CHARLES Noch stets hat England Murrer gern beherbergt,
Blutdürstige, verhetzte Catilinas,
Taugenichtse, die nur danach trachten,

But changing and alteration of the state,
And is it possible,
That they are now so loyall in them selues?
Lo: All but the Scot, who sollemnly protests,
As heeretofore I haue enformd his grace,
Neuer to sheath his Sword, or take a truce.
Io: Ah, thats the anchredge of some better hope,
But on the other side, to thinke what friends,
King Edward hath retaynd in Netherland,
Among those euer-bibbing Epicures:
Those frothy Dutch men, puft with double beere,
That drinke and swill in euery place they come,
Doth not a little aggrauate mine ire,
Besides we heare the Emperor conioynes,
And stalls him in his owne authoritie:
But all the mightier that their number is,
The greater glory reapes the victory,
Some friends haue we beside drum stricke power,
The sterne Polonian and the warlike Dane:
The king of Bohemia, and of Cycelie.
Are all become confederates with vs,
And as I thinke are marching hither apace,

But soft I heare the musicke of their drums.
By which I gesse that their approch is neare.

Enter the King of Bohemia with
Danes, and a Polonian Captaine
with other soldiers another way.

King of Boheme.
King Iohn of Fraunce, as league and neighborhood,

Den Staat zu untergraben und zu stürzen;
Wie geht es zu, daß sie mit einem Male
So treulich zueinanderstehn?
LORRAINE Der Schotte nicht, der feierlich versichert,
Wie ich Eur Gnaden schon berichten konnte,
Sein Schwert sei blank, und unterhandelt wird nicht.
KÖNIG JOHN Ah, daran läßt sich Hoffnung doch vertäuen.
Doch der Gedanke, was für Bundsgenossen
Zu Edward in den Niederlanden stießen,
Von den vertrunknen Tagedieben welche,
Brutale Holländer, von Starkbier auf −
Geschwemmt, die, wo sie landen, saufen,
Läßt Unsern Zorn nicht eben wenig schwellen.
Auch hören Wir, der Kaiser hälts mit ihm,
Und setzt in eigne Rechte gar ihn ein.
Doch je gewaltiger die Feindesmacht,
Desto mehr Ehre erntet Uns der Sieg.
Auch mit Uns sind nämlich Freunde, die Uns
Die einheimische Macht verstärken:
Der kühne Pole, kriegerische Däne,
Der König Böhmens und Siziliens König,
Sie alle haben sich Uns angeschlossen,
Und sind, ich denke, hierher auf dem Marsch.
                    Trommeln.
Doch still, ich hör den Wohlklang ihrer Trommeln,
Woraus ich schließe, daß sie nahe sind.

König von Böhmen mit Dänen, Polnischer Hauptmann
mit Soldaten von verschiedenen Seiten

BÖHMEN John, Frankreichs König, wie das Bündnis fordert,
Und Nachbarschaft erheischt, wo Freunde leiden,

Requires when friends are any way distrest,
I come to aide thee with my countries force,
Pol. Cap. And from great Musco fearefull to the *Turke*,
And lofty Poland, nurse of hardie men,
I bring these seruitors to fight for thee,
Who willingly will venture in thy cause.
K. Io: Welcome Bohemian king, and welcome all,
This your great kindnesse I will not forget.
Besides your plentiful rewards in Crownes,
That from our Treasory ye shall receiue,
There comes a hare braind Nation deckt in pride,
The spoyle of whome will be a trebble game,
And now my hope is full, my ioy complete,
At Sea we are as puissant as the force;
Of Agamemnon in the Hauen of Troy:
By land with Zerxes we compare of strength,
Whose souldiers drancke vp riuers in their thirst:
Then Bayardlike, blinde ouerweaning Ned,
To reach at our imperiall dyadem,
Is either to be swallowed of the waues,
Or hackt a peeces when thou comest a shore.

Enter.

Mar. Neere to the cost I haue discribde my Lord,
As I was busie in my watchfull charge.
The proud *Armado* of king *Edwards* ships,
Which at the first far off when I did ken,
Seemd as it were a groue of withered pines,
But drawing neere, their glorious bright aspect,
Their streaming Ensignes wrought of coulloured silke,
Like to a meddow full of sundry flowers,
Adornes the naked bosome of the earth.
Maiesticall the order of their course,

Eil ich mit Böhmens Streitmacht dir zu Hilfe.

POLNISCHER HAUPTMANN Und aus dem großen Moskau, aller
    Furcht und Schrecken, und dem Polenland,   [Türken
    Der stolzen Wiege hochgesinnter Männer,
    Bring ich Euch Krieger, die für Euch sich schlagen.
KÖNIG JOHN Willkommen, Böhmenkönig, und ihr alle;
    Ich will euch eure Freundschaft nicht vergessen.
    Und nicht allein winkt euch ein reicher Lohn
    Aus Unserm Staatsschatz, nein, was da herankraucht,
    Ist hasenherzig Volk, gehüllt in Dünkel,
    Das zu verdreschen dreifach euch Gewinn bringt.
    Wie glücklich bin ich, und wie hoffnungsfroh:
    Zur See sind wir so mächtig wie die Flotte
    Des Agamemnon war in Trojas Hafen;
    Zu Land gleicht unsre Stärke der des Xerxes,
    Des Heer in seinem Durst ein Meer leertrank.
    Und so, hochnäsig dreister, blinder Eddie,
    Heißt, nach unsrer Krone greifen wolln,
    Entweder von der Flut verschlungen werden,
    Oder am Strand zu Stücken kleingehaun.
                  Seemann.
SEEMANN An der Kimm hab ich grad eben, Herr,
    Als ich hart auf Küstenwache stand,
    Dem König Edward seine Prachtarmada
    Gesichtet, was auf die Entfernung erstmal
    Aussah so wie trockner Tannenwald.
    Nur, näher driftend, wars ein prächtger Anblick,
    Im Wind die Flaggen aus gefärbter Seide,
    Wie eine Wiese, die mit bunten Blumen
    Die kahle Brust der Erde schmückt. Der Aufmarsch
    Majestätisch, der gehörnten Sichel

Figuring the horned Circle of the Moone,
And on the top gallant of the Admirall,
And likewise all the handmaides of his trayne:
The Armes of England and of Fraunce vnite,
Are quartred equally by Heralds art;
Thus titely carried with a merrie gale,
They plough the Ocean hitherward amayne:
[Io:] Dare he already crop the Flewer de Luce:
I hope the hony being gathered thence,
He with the spider afterward approcht
Shall sucke forth deadly venom from the leaues,
But wheres out Nauy, how are they prepared,
To wing them selues against this flight of Rauens.
Ma. They hauing knowledge, brought them by the scouts,
Did breake from Anchor straight, and puft with rage,
No otherwise then were their sailes with winde,
Made forth, as when the empty Eagle flies,
To satifie his hungrie griping mawe.
Io: Thees for thy newes, returne vnto thy barke,
And if thou scape the bloody strooke of warre,
And do suruiue the conflict, come againe,
And let vs heare the manner of the fight,   *Exit.*

Meane space my Lords, tis best we be disperst,
To seuerall places least they chaunce to land:
First you my Lord, with your Bohemian Troupes,
Shall pitch your battailes on the lower hand,
My eldest sonne the Duke of Normandie,
Togeither with this aide of Muscouites,
Shall clyme the higher ground an other waye:
Heere in the middle cost betwixt you both,
Phillip my yongest boy and I will lodge,

Des Mondes nachgestellt, und auf der Topp
Des Flaggschiffs, wie der Kähne des Verbands,
Der Wappenschmuck von England und von Frankreich,
Nach Heroldskunst fein säuberlich geviertelt.
So pflügen sie, sacht mit der Tide treibend,
Gemächlich Euch die See her, küstenwärts.

KÖNIG JOHN Er wagt es schon, die fleur-de-lis zu pflücken?
   Ich hoffe doch, den Honig wird er, kriecht erst
   Die Spinne aus der Blüte hinterdrein,
   Als mörderisches Gift einsaugen. Aber
   Wo bleibt die Flotte? Wie ist sie gewärtig,
   Sich gegen diese Krähen zu beflügeln?
SEEMANN Die, nachdem ihr Ausguck sie gemeldet,
   Ging scharf ans Ankerlichten, und geschwellt
   Von Zorn so wie vom Wind die Segel, lief sie
   Aus, so wie der Adler grimmig abstreicht,
   Um sich das Hungerloch im Bauch zu fülln.
KÖNIG JOHN Dies für die Meldung, nun zurück aufs Boot;
   Und läufst du aus der roten Faust der Schlacht
   Und überlebst den Krieg, dann komm noch einmal,
   Und laß uns die Manier des Kampfes hören.
                  Schlachtlärm.
   Derweil, ihr Herren, schwärmen wir am besten
   Aus, um zu verhindern, daß sie landen.
   Zunächst sollt Ihr, mit Euren tapfren Böhmen,
   Unten an der Küste Stellung nehmen;
   Mein ältrer Sohn, Herzog der Normandie,
   Vereint mit unsrer Hilfsmannschaft aus Moskau,
   Erklimmt den Steilhang, und wird ihn besetzen;
   Hier auf halber Höhe, zwischen euch,
   Stehn Philip, mir der jüngre Sohn, und ich.

So Lords begon, and looke vnto your charge.   E*xunt.*
You stand for Fraunce, an Empire faire and large,

Now tell me Phillip, what is their concept,
Touching the challenge that the English make.
Ph: I say my Lord, clayme Edward what he can,
And bring he nere so playne a pedegree,
Tis you are in possession of the Crowne,
And thats the surest poynt of all the Law:
But were it not, yet ere he should preuaile,
Ile make a Conduit of my dearest blood,
Or chase those stragling vpstarts home againe,
King: Well said young Phillip, call for bread and Wine,
That we may cheere our stomacks with repast,   *The battell*
To looke our foes more sternely in the face.   *heard a farre*
                                                            off.

Now is begun the heauie day at Sea,
Fight Frenchmen, fight, be like the fielde of Beares,
When they defend their younglings in their Caues:
Stir angry Nemesis the happie helme,
That with the sulphur battels of your rage,
The English Fleete may be disperst and sunke,

Ph. O Father how this eckoing Cannon shot.   *Shot.*
Like sweete hermonie disgests my cates.
K.Io. Now boy thou hearest what thundring terror tis,
To buckle for a kingdomes souerentie,
The earth with giddie trembling when it shakes,
Or when the exalations of the aire,
Breakes in extremitie of lightning flash,
Affrights not more then kings when they dispose,
To shew the rancor of their high swolne harts,

Ihr Herrn, rückt vor, schlagt euch, wie ihr nur könnt:
Ihr steht für Frankreich und den Kontinent.
Alle ab bis auf Johann und Philip.
Nun sag mir, Philip, was du von dem Angriff,
Den England auf uns unternimmt, dir denkst.
PHILIP Ich sage, Vater, soll doch Edward fordern,
Was er nur kann, und auf den Stammbaum pochen,
Wer im Besitz der Krone ist, seid Ihr,
Und das steht fester als das ganze Recht;
Doch wärs auch nicht so, eh er an die Macht käm,
Ließ ich mein Herzblut wie aus Röhren laufen,
Oder jag die Throndiebe nach Haus.
KÖNIG JOHN Gut gesagt, Sohn! Bestell uns Brot und Wein,
Mit Labung uns den Magen zu erfreun,
Wir sehn dem Feind nur strenger ins Gesicht.
Schlachtlärm.
Nun hat zur See der schwere Tag begonnen.
Franzosen kämpft, kämpft wie ein Bärenrudel,
Das seine Jungen in den Höhlen schützt.
Greif du mit Glück ins Ruder, Nemesis,
Rächerin, daß deine Heerschar schweflig
Die Flotte Englands sprengt und sinken macht.
Schuß.
PHILIP O Vater, wie das Echo der Kanone,
Gleich Tischmusik, mir den Geschmack verfeinert!
KÖNIG JOHN Jetzt hörst du, Knabe, welch ein Schreckens-
Den Streit um Königreiche untermalt.   [donner
Die Erde nicht, wenn sie erbebt und schüttert,
Die Dünste nicht der Luft, wenn ihre Mischung
In grellen Blitzen zuckend sich entlädt,
Erschreckt wie Könige, wenn sie beschließen,
Dem Haß in ihren Herzen Lauf zu lassen.

Retreae is sounded, one side hath the worse,   *Retreate.*
O if it be the French, sweete fortune turne,
And in thy turning change the forward winds,
That with aduantage of a fauoring skie,
Our men may vanquish and thither flie.
                    Enter Marriner.
My hart misgiues, say mirror of pale death,
To whome belongs the honor of this day,
Relate I pray thee, if thy breath will serue,
The sad discourse of this discomfiture.
Mar. I will my Lord.
My gratious soueraigne, Fraunce hath tane the foyle,
And boasting Edward triumphs with successe;
These Iron harted Nauies,
When last I was reporter to your grace,
Both full of angry spleene of hope and feare:
Hasting to meete each other in the face,
At last conioynd, and by their Admirall,
Our Admirall encountred manie shot,
By this the other that beheld these twaine,
Giue earnest peny of a further wracke,
Like fiery Dragons tooke their haughty flight,
And likewise meeting, from their smoky wombes,
Sent many grym Embassadors of death,
Then gan the day to turne to gloomy night,
And darkenes did aswel inclose the quicke,
As those that were but newly reft of life,
No leasure serud for friends to bid farewell,
And if it had, the hideous noise was such,
As ech to other seemed deafe and dombe,
Purple the Sea whose channel fild as fast,

Rückzugssignal.

Man bläst zum Rückzug: eine Seite trafs.

O, wenn es Frankreich ist, Fortuna, wend dich,
Und durch die Wendung dreh die falschen Winde,
Daß, mit dem Vorteil des geneigten Himmels,
Die Unsern siegen und die andern fliehn.

Seemann.

Mein Herz stockt. – Sprich, du Spiegel bleichen Todes,
Wem gehört der Schlachtruhm dieses Tags?
Erstatte, bitt ich, wenn dir Atem blieb,
Den trostlosen Bericht vom Untergang.

SEEMANN Das will ich, Herr.

Hochedler Herrscher, Frankreich zog den Kürzren,
Und Großmaul Edward sonnt sich im Erfolg.
Die zwei stahlbeherzten Schiffsverbände,
Wovon ich Eur Gnaden schon berichtet,
Mit Wut voll, wie mit Angst, und Hoffnung, beide,
Hastend, sich ins Weiß des Augs zu sehn,
Geraten aneinander, und ihr Flaggschiff
Nimmt unser Flaggschiff mächtig unter Feuer,
Währnddem die andern, die zwei im Visier,
Sich Abschlag auf den sichern Schiffbruch zahlen,
Indem sie los wie Feuerdrachen fliegen,
Und sich, im Treffen, aus verqualmten Bäuchen,
So manchen bösen Todesboten schickten.
Dann fing der Tag an, finstre Nacht zu werden,
Und Düsternis umschloß die Lebenden
Und die frisch aus der Welt gerissen warn.
Lebwohl dem Kameraden da zu sagen,
War keine Zeit, und wenn, war so ein Krach,
Als wär der andre taub und stumm geworden.
Purpurn die See, die zwischen Bord und Bord

With streaming gore that from the maymed fell,
As did her gushing moysture breake into,
The cranny cleftures of the through shot planks,
Heere flew a head dissuuered from the tronke,
There mangled armes and legs were tost aloft,
As when a wherle winde takes the Summer dust,
And scatters it in midddle of the aire,
Then might ye see the reeling vessels split,
And tottering sink into the ruthlesse floud,
Vntill their lofty tops were seene no more.
All shifts were tried both for defence and hurt,
And now the effect of vallor and of force,
Of resolution and of a cowardize:
We liuely pictured, how the one for fame;
The other by compulsion laid about;
Much did the *Nom per illa,* that braue ship
So did the blacke snake of Bullen, then which
A bonnier vessel neuer yet spred sayle,
But all in vaine, both Sunne, the Wine and tyde,
Reuolted all vnto our foe mens side,
That we perforce were fayne to giue them way,
And they are landed, thus my tale is donne,
We haue vntimly lost, and they haue woone.

K. *Io*: Then rests there nothing but with present speede,
To ioyne our seueral forces al in one,
And bid them battaile ere they rainge to farre,
Come gentle Phillip, let vs hence depart,
This souldiers words haue perst thy fathers hart.   *Exeunt*

So fix vom Schwall aus den Zerhackten voll war,
Als käm die Soße aus den Einschlaglöchern
In den zerborstnen Planken rausgeschossen.
Hier flog ein Kopf, der seinen Rumpf vermißte,
Da warfs zerfetzte Arme auf und Beine,
Wie Staub, wenn ihn ein heißer Wind erfaßt
Und ausstreut in die Luft. Dann sahst du Kahn
Nach Kahn sich splitternd auf die Seite legen,
Und ruckweis in die kalten Fluten sinken,
Bis ihre hohen Toppen unter warn.
Ob Abwehr oder Angriff, nicht ein Kunststück
Blieb unversucht, und was das ist,
Entschlossen sein und mutig, tapfer oder
Ängstlich, das ward deutlich vorgeführt:
Wie sich der eine schlug für seine Größe,
Der andre bloß, weil er gezwungen war.
Die Nonpareille tat vicl, das brave Schiff;
Die Schwarze Schlange aus Boulogne, nie
Ging ein bessres Schiff je unter Segel —
Vergeblich: Sonne, Wind und Tide standen
Auf gegen uns und machten uns zuschanden,
Daß wir sie passieren lassen mußten,
Und sie gelandet sind. Dies mein Bericht:
Wir sind die Verlierer, und sie nicht.
KÖNIG JOHN Dann bleibt nichts, als in allergrößter Eile
      Die verteilten Truppen zu vereinen,
      Und eine Schlacht zu liefern, eh er vorstößt.
      Komm, mein Philip, jetzt heißts, sich zu trennen:
      Was der Soldat sprach, will mein Herz verbrennen.

Alle ab.

Enter two French men, a woman and two little Children,
meet them another Citizens.

One: Wel met my masters: how now, whats the newes,
    And wherefore are ye laden thus with stuffe:
    What is it quarter daie that you remoue,
    And carrie bag and baggage too?
Two: Quarter day, I and quartering pay I feare:
    Haue we not heard the newes that flies abroad?
One: What newes?
Three: How the French Nauy is destroyd at Sea,
    And that the English *Armie* is arriued.
One: What then?
Two: What then quoth you? why ist not time to flie,
    When enuie and destruction is so nigh,
One. Content thee man, they are farre enough from hence,
    And will be met I warrant ye to their cost,
    Before they breake so far into the Realme.
Two: I so the Grashopper doth spend the time,
    In mirthfull iollitie till Winter come,
    And then too late he would redeeme his time,
    When frozen cold hath nipt his carelesse head:
    He that no sooner will prouide a Cloake,
    Then when he sees it doth begin to raigne,
    May peraduenture for his negilgence,
    Be throughly washed when he suspects it not,
    We that haue charge, and such a trayne as this,
    Must looke in time, to looke for them and vs,
    Least when we would, we cannot be relieued.

2. Szene

Zwei Franzosen, zwei Bürger, eine Frau mit zwei Kindern.

1. FRANZOSE Das trifft sich gut, ihr Herren; was ist los,
Und was seid ihr mit all dem Zeug beladen?
Ist Umzugstag, daß ihr mit Sack und Pack daherkommt?

1. BÜRGER Umzugstag, ja, Hautabzugstag, befürcht ich:
Habt ihr die Neuigkeiten nicht gehört?

1. FRANZOSE Was denn für Neuigkeiten?

2. BÜRGER Der Engländer hat uns zur See geschlagen,
Und seine Truppen stehn im Land.

1. FRANZOSE Ja und?

1. BÜRGER Ja und, fragt Ihr? Wirds denn nicht Zeit zu fliehn,
Wenn Unglück und Zerstörung nahe sind?

1. FRANZOSE Nur Ruhe, Mann, noch sind sie ja weit weg,
Und die Rechnung kriegen sie, sag ich euch,
Bevor sie so tief in das Reich vorstoßen.

1. BÜRGER Ja, so vertut die Grille ihre Zeit,
Vergnügt und lustig, bis der Winter kommt;
Und wenns zu spät ist, dann bereut sie es,
Weil sie der Frost ins frohe Köpfchen beißt.
Wer sich nicht eher einen Mantel zulegt,
Als bis er sieht, es fängt zu regnen an,
Dem kanns in seinem Leichtsinn widerfahren,
Daß er begossen steht, noch eh ers denkt.
Wir, die wir für viele Sorge tragen,
Wir müssen schaun, für sie und uns beizeiten
Vorauszusehen, wenn uns Hilfe nicht,
Wo wir sie nötig brauchen, mangeln soll.

One: Be like you then dispaire of ill successe,
   *A*nd thinke your Country will be subiugate.
Three. We cannot tell, tis good to feare the worst.
One: Yet rather fight, then like vnnaturall sonnes,
   Forsake your louing parents in distresse.
Two. Tush they that haue already taken armes,
   *A*re manie fearefull millions in respect
   Of that small handfull of our enimies:
   But tis a rightfull quarrell must preuaile,
   Edward is sonnne vnto our late kings sister,
   Where Iohn Valoys, is three degrees remoued.
W*o*: Besides, there goes a Prophesie abroad,
   Published by one that was a Fryer once,
   Whose Oracles haue many times prooued true,
   And now he sayes the tyme will shortly come,
   When as a Lyon rowsed in the west,
   Shall carie hence the fluerdeluce of France,
   These I can tell yee and such like surmises,
   Strike many french men cold vnto the heart:

                  Enter a French man.

   Flie cuntry men and cytizens of France,
   Sweete flowring peace the roote of happie life,
   Is quite abandoned and expulst the lande,
   In sted of whome ransackt constraining warre,
   Syts like to Rauens vppon your houses topps,
   Slaughter and mischiefe walke within your streets.
   *A*nd vnrestrained make hauock as they passe,
   *T*he forme whereof euen now my selfe beheld,
   Vpon this faire mountaine whence I came,
   For so far of as I directed mine eies,
   I might perceaue fiue Cities all on fire,
   Corne fieldes and vineyards burning like an ouen,

1. FRANZOSE Ihr gefallt euch in der Kunst des Schwarzsehns,
   Und rechnet darauf, daß das Land besetzt wird.
2. BÜRGER Was wissen wir: gut ist, das Schlimmste fürchten.
1. FRANZOSE Dann kämpft, ihr aus der Art geschlagnen Söhne,
   Statt in der Not die Mutter zu verlassen.
1. BÜRGER Unfug, die zu den Waffen griffen, bilden
   Schon eine Riesenheerschar, schreckensvoll,
   Betrachtet man die kleine Handvoll Feinde:
   Doch siegen muß, wer ehrenvoll sich streitet;
   Edward ist Schwestersohn des letzten Königs,
   John Valois folgt erst im dritten Grad.
FRAU Auch geht eine Prophezeiung um,
   Die von einem stammt, der Mönch war, dessen
   Sprüche oft schon eingetroffen sind;
   Er sagt, die Zeit ist nah, in der der Löwe,
   Der sich von Westen her erhoben hat,
   Im Maul die Lilien Frankreichs tragen wird.
   Ich sag euch, das und ähnliches Geraune
   Greift in Frankreich vielen kalt ans Herz.

Ein Franzose.

3. FRANZOSE Flieht, Landsleute, Bürger Frankreichs, flieht!
   Der süße Frieden, Wurzel allen Glücks,
   Ist ganz verbannt und aus dem Land gejagt;
   Statt seiner hockt der Krieg, nach Krähenart,
   Euch beutelüstern auf dem First des Hauses;
   Das Schlachten geht, das Unheil durch die Gassen,
   Und es regiert das Grauen, wo sie gingen:
   Sein Angesicht nahm ich soeben wahr,
   Als ich den schönen Hügel hier heraufstieg,
   Denn so weit mein Auge sah, erblickte
   Es fünf Städte, alle hell in Flammen,
   Kornfelder brennen, Weinberge wie Öfen,

And as the leaking vapour in the wind,
[I] tourned but a side I like wise might disserne.
The poore inhabitants escapt the flame,
Fall numberles vpon the souldiers pikes,
Three waies these dredfull ministers of wrath,
Do tread the measuers of their tragicke march,
Vpon the right hand comes the conquering King,
Vpon the lefte is hot vnbridled sonne,
And in the midst our nations glittering hoast,
All which though distant yet conspire in one,
To leaue a desolation where they come,
Flie therefore Citizens if you be wise,
Seeke out som habitation further of,
Here if you staie your wiues will be abused,
Your treasure sharde before your weeping eies,
Shelter you your selues for now the storme doth rise,
Away, away, me thinks I heare their drums,
Ah wreched France, I greatly feare thy fal,
Thy glory shaketh like a tottering wall.

Enter King Edward and the Erle of Darby
With Souldiors, and Gobin de Graie.

Kin: Wheres the French man by whose cunning guide,
    We found the shalow of this Riuer Sone,
    And had direction how to passe the sea.
Go: Here my good Lord.
Kin: How art thou calde, tell me thy name.
Go: Gobin de Graie if please your excellence,
Kin: Then Gobin for the seruice thou hast done,

Und wo der Wind den zähen Rauch zerblies,
Da machte ich das arme Stadtvolk aus,
Wie es, dem Feuertod entfliehend, zahllos
Den Soldaten in die Piken lief.
Dreifaltig schreiten diese Würgeengel
Auf ihrem jammerreichen Marsch einher:
Zur Rechten unbesieglich naht der König,
Zur Linken heiß sein unbezähmter Sohn,
Und Englands Adel schimmernd in der Mitte;
Sie alle sind, obgleich getrennt, verschworen,
Verwüstung hinter sich zurückzulassen.
Drum flüchtet, Bürger, wenn ihr bei Verstand seid,
Sucht Unterschlupf an abgelegnen Orten:
Denn bleibt ihr hier, mißbraucht man eure Frauen,
Eur nasses Auge sieht eur Gut verteilt;
Kriecht unter, eh das Wetter euch ereilt.
Hinweg, hinweg! Mir ist, als hört ich Trommeln;
Dein Ruhm, mein armes Frankreich, hat nicht Dauer:
Er wankt und fällt gleich einer morschen Mauer.   *Alle ab.*

3. Szene

König Edward, Derby, Gobin de Grace.

KÖNIG EDWARD Der Franzose, dessen kühne Führung
    Uns lehrte, wo die Somme passierbar ist,
    Und sie zu überschreiten half, wo ist er?
GOBIN Hier, edler Herr.
KÖNIG EDWARD Wie heißt du? Sag mir deinen Namen.
GOBIN Gobin de Grace, zu Eurer Hoheit Diensten.
KÖNIG EDWARD Nun, Gobin, zum Dank für deinen Einsatz

We here inlarge and giue thee liberty,
And for recompenc beside this good,
Thou shalt receiue fiue hundred markes in golde,
I know not how we should haue met our sonne,
Whom now in heart I wish I might behold.

Enter Artoyes.

Good newes my Lord the prince is hard at hand,
And with him comes Lord Awdley and the rest,
Whome since our landing we could neuer meet.

Enter Prince Edward, Lord Awdley and Souldiers.

K. E: Welcome faire Prince, how hast thou sped my sonne,
Since thy arriuall on the coaste of Fraunce?
Pr. Ed: Succesfullie I thanke the gratious heauens,
Some of their strongest Cities we haue wonne,
As Harslen, Lie, Crotag, and Carentigne,
And others wasted, leauing at our heeles,
A wide apparant feild and beaten path,
For sollitarines to progresse in,
Yet those that would submit we kindly pardned,
For who in scorne refused our poffered peace,
Indurde the penaltie of sharpe reuenge.
Ki. Ed: Ah Fraunce, why shouldest thou be this obstinate,
Agaynst the kind imbracement of thy friends,
How gently had we thought to touch thy brest,
And set our foot vpon thy tender mould,
But that in froward and disdainfull pride
Thou like a skittish and vntamed coult,
Dost start aside and strike vs with thy heeles,
But tel me Ned, in all thy warlike course,
Hast thou not seene the vsurping King of Fraunce.
Pri. Yes my good Lord, and not two owers ago,
With full a hundred thousand fighting men,

Entlassen Wir dich als ein freier Mann;
Und überdies erhältst du noch von Uns
Fünfhundert Mark in Gold. Wir hätten nicht
Gewußt, wie sonst auf Unsern Sohn zu treffen.
Doch nun bekäm ich ihn gern zu Gesicht.
                    Artois.
ARTOIS Gute Nachricht, Herr: der Prinz trifft ein,
Und mit ihm Lord Audley und die andern,
Um die wir uns seit unsrer Landung sorgten.
                Prinz Edward. Audley.
KÖNIG EDWARD Willkommen, Prinz; mein Sohn, wie macht
Seit deiner Ankunft an den Küsten Frankreichs?   [es sich,
PRINZ Wunschgemäß, dem Himmel seis gedankt.
In unsrer Hand sind stark bewehrte Städte,
Wie Barfleur, Lô, Crotoy und Carentan,
Und andere zerstört, es breitet sich,
Wo wir den Fuß hinsetzten, Ödnis aus,
Und menschenleere Wüste hält da Einzug.
Wer sich unterwarf, erhielt Pardon,
Nur wer den Frieden wütig von sich wies,
Den strafte unsre Rache ohne Gnade.
KÖNIG EDWARD Ah, Frankreich, warum widersetzt du dich
Der zärtlichen Umarmung deines Freundes?
Wir dachten freundlich dir den Hals zu tätscheln,
Und deinen Rücken leichthin zu besteigen,
Doch du, in deinem selbstverbohrten Stolz,
Brichst wie ein scheues, ungerittnes Fohlen
Zur Seite aus und keilst nach uns! Sag, Junge,
Hast du auf deinem Zug den selbsternannten
König der Franzosen nicht gesichtet?
PRINZ Doch, sicher, Vater, vor noch nicht zwei Stunden
Stand er mit viel tausend Mann am Ufer,

Vppon the one side with the riuers banke,
And on the other both his multitudes,
I feard he would haue cropt our smaller power,
But happily perceiuing your approch,
He hath with drawen himselfe to Cressey plaines,
Where as it seemeth by his good araie.
He meanes to byd vs battaile presently,

Kin. Ed: He shall be welcome thats the thing we craue.

Enter King Iohn, Dukes of Normanndy and Lorraine, King of
Boheme, yong Phillip, and Souldiers.

Iohn. Edward know that Iohn the true king of Fraunce,
Musing thou shouldst incroach vppon his land,
And in thy tyranous proceeding slay,
His faithfull subiects, and subuert his Townes,
Spits in thy face, and in this manner folowing,
Obraids thee with thine arrogant intrusion,
First I condeme thee for a fugitiue,
A theeuish pyrate, and a needie mate,
One that hath either no abyding place,
Or else inhabiting some barraine soile,
Where neither hearb or frutfull graine is had,
Doest altogether liue by pilfering,
Next, insomuch thou hast infringed thy faith,
Broke leage and solemne couenant made with mee,
I hould thee for a false pernitious wretch,
And last of all, although I scorne to cope
With one such inferior to my selfe,
Yet in respect thy thirst is all for golde,
Thy labour rather to be feared then loued,
To satisfie thy lust in either parte
Heere am I come and with me haue I brought,
Exceding store of treasure, perle, and coyne,

Und am Ufer gegenüber auch.
Ich fürchtete, er schnappt uns kleines Häuflein,
Doch er, als er von Eurer Landung hörte,
Zog glücklich ab, und scheint sich in der Ebne
Bei Crécy zur Feldschlacht aufzustelln,
Wo er, seiner strengen Ordnung nach,
Uns, wie es scheint, direkt zur Schlacht erwartet.
KÖNIG EDWARD Um so besser: so wollt ich ihn haben.

König John, Charles, Philip, Lorraine, König von Böhmen.

KÖNIG JOHN Wisse, Edward, John, der König Frankreichs
Empört, daß du mit Stiefeln trittst sein Land,
Und auf dem Vormarsch deiner Tyrannei
Ihm treue Untertanen schlachtest, speit
Dir ins Gesicht und weist in dieser Form
Dich für dein freches Eindringen zurecht:
Zuerst verdamme ich als landfremd dich,
Als diebischen Piraten, Beutelschneider,
Als einen, der, entweder keine Heimstatt
Oder nur so kargen Platz bewohnend,
Daß dort nicht Halm noch Blatt gedeiht,
Von nichts lebt als vom Stehlen; zweitens,
Insoweit du mir deinen Treueid brichst,
Die Pakte sprengst und Siegel der Verträge,
Giltst du mir als Lügner und als Schädling;
Und endlich, obzwar ich es hasse, einen,
Der so tief unter mir steht, ernstzunehmen,
Bin ich, da allein nach Gold dich dürstet,
Und deine Arbeit Schrecken ist, nicht Liebe,
Um deine Gier in jedem Punkt zu stillen,
Hierhergekommen, und ich bringe mit mir
Ein Haus voll Schätzen, Perlen und Geprägtem.

Leaue therfore now to persecute the weake,
And armed entring conflict with the armd,
Let it be seene mongest other pettie thefts,
How thou canst win this pillage manfully.

K: *Ed*: If gall or wormwood haue a pleasant tast,
Then is thy sallutation hony sweete,
But as the one hath no such propertie,
So is the other most satiricall:
Yet wot how I regarde thy worthles tants,
If thou haue vttred them to foile my fame,
Or dym the reputation of my birth,
Know that thy woluish barking cannot hurt,
If slylie to insinuate with the worlde,
And with a strumpets artifitiall line,
To painte thy vitious and deformed cause,
Bee well assured the counterfeit will fade,
And in the end thy fowle defects be seene,
But if thou didst it to prouoke me on,
As who should saie I were but timerous,
Or coldly negligent did need a spurre,
Bethinke thy selfe howe slacke I was at sea.
Now since my landing I haue wonn no townes,
Entered no further but vpon the coast,
And there haue euer since securelie slept,
But if I haue bin other wise imployd,
Imagin Valoys whether I intende
To skirmish, not for pillage but for the Crowne,
Which thou dost weare and that I vowe to haue,
Or one of vs shall fall in to this graue,

Pri Ed: Looke not for crosse inuectiues at our hands,
Or rayling execrations of despight,

Hör darum auf, die Schwachen zu verfolgen,
Und, bewaffnet mit Bewaffneten
Dich messend, zeig uns, Taschendieb, ob du
Die Beute wie ein Mann erringen kannst.

KÖNIG EDWARD Wär der Geschmack von Galle oder Wermuth
Angenehm, dein Gruß wär honigsüß;
Doch weil dies den ersteren nicht eignet,
Wirkt auch dies letztere nur höchst satirisch.
Nichtsdestotrotz gib acht, wie ich dein Höhnen,
Das dir nichts nützen wird, verbuchen will:
Gedenkst du meine Ehre zu beflecken,
Das Leuchten meiner Herkunft zu verdunkeln,
Wisse, daß dein Wolfsgebell nicht beißt;
Erhoffst du dir, die Welt schlau zu bereden,
Und die entstellte Fratze deiner Sache
Mit Hurenschminke kunstvoll zu bemalen,
Sei sicher, daß die Maske sich am Ende
Abwischt, und dein Aussatz sichtbar wird.
Doch höhntest du, um mich herauszufordern,
Wie wer, der meint, ich sei doch bange, oder
Fischig, und benötigte den Sporn,
Erinnre dich, wie schlaff ich war zur See,
Wie ich, gelandet, keine Stadt einnahm,
Wie ich am Strand zum Stehen ward gebracht,
Und sorglos da seither geschlafen habe;
Nur sollte es mit mir so nicht bestellt sein,
Dann überlege dir, Valois, ob ich um Raubgut
Mit dir plänkle, oder um die Krone,
Die du trägst, und die ich tragen werde,
Das schwöre ich, so mich nicht deckt die Erde.

PRINZ Erhofft von uns nicht schrille Wechselreden,
Aufschneiderische Prahlerein des Abscheus;

Let creeping serpents hide in hollow banckes,
Sting with theyr tongues; we haue remorseles swordes,
And they shall pleade for vs and our affaires,
Yet thus much breefly by my fathers leaue,
As all the immodest poyson of thy throat,
Is scandalous and most notorious lyes,
And our pretended quarell is truly iust,
So end the battaile when we meet to daie,
May eyther of vs prosper and preuaile,
Or luckles curst, receue eternall shame.

Kin Ed: That needs no further question, and I knowe
His conscience witnesseth it is my right,
Therfore Valoys say, wilt thou yet resigne,
Before the sickles thrust into the Corne,
Or that inkindled fury, turne to flame:

Ioh: Edward I know what right thou hast in France,
And ere I basely will resigne my Crowne,
This Champion field shallbe a poole of bloode,
And all our prospect as a slaughter house,

Pr Ed: I that approues thee tyrant what thou art,
No father, king, or shepheard of thy realme,
But one that teares her entrailes with thy handes,
And like a thirstie tyger suckst her bloud.

Aud: You peeres of France, why do you follow him,
That is so prodigall to spend your liues?

Ch: Whom should they follow, aged impotent,
But he that is their true borne soueraigne?

Kin: Obraidst thou him, because within his face,
Time hath ingraud deep caracters of age:
Know that these graue schollers of experience,
Like stiffe growen oakes, will stand immouable,
When whirle wind quickly turnes vp yonger trees.

Das kriechende Gewürm, behaust in Löchern,
Sticht mit der Zunge: wir besitzen Schwerter,
Erbarmungslose, die uns Anwalt sind.
Nur dies noch, wenn mein Vater es erlaubt:
Ganz wie euch im Schlund schamlos das Gift
Notorisch abgefeimter Lügen sitzt,
Und unser Kriegsgrund recht und billig ist,
So ende heut die Schlacht, wenn wir uns trafen –
Möge einer glücklich sein und siegreich,
In ewger Schande untergehn der andre!

KÖNIG EDWARD Fraglos kommt das, und ich bin mir sicher,
Sein Gewissen selbst bezeugt mein Recht.
Drum sprich, Valois, dankst du freiwillig ab,
Bevor die Sichel in das Kornfeld schlägt,
Oder muß der Funke Flamme werden?

KÖNIG JOHN Dein Recht in Frankreich, Edward, kenne ich,
Und eh ich meiner Krone feig entsage,
Soll dieser Landstrich einem Blutmeer gleichsehn,
Und uns die Aussicht rings ein Schlachthaus zeigen.

PRINZ Ah, wie der Tyrann in dir sich zeigt:
Kein Vater, Lenker, Hirte deines Reichs,
Nein, einer, der den Leib ihm aufreißt und
Sein Lebensblut gleich einem Tiger leckt.

AUDLEY Ihr Peers von Frankreich, warum folgt ihr ihm,
Der eure Leben so vergeuden will?

CHARLES Wem sollen sie wohl folgen, alter Schwachkopf,
Als ihm, dem angestammten Souverän?

KÖNIG EDWARD Verspottest du ihn, weil ihm in die Züge
Das Alter seine tiefen Zeichen grub?
Lerne, daß des Lebens graue Schüler
Den Sturm, wie starke Eichen, fest bestehn,
Wo er die grünen Bäumchen gleich entwurzelt.

Dar. Was euer anie of thy fathers house king,
 But thyselfe, before this present time,
 Edwards great linage by the mothers side,
 Fiue hundred yeeres hath helde the scepter vp,
 Iudge then conspiratours by this descent,
 Which is the true borne soueraigne this or that.
Pri: Father range your battailes, prate no more,
 These English faine would spend the time in words,
 That night approching, they might escape vnfought.
K. *Ioh:* Lords and my louing Subiects knowes the time,
 That your intended force must bide the touch,
 Therfore my frinds consider this in breefe,
 He that you fight for is your naturall King,
 He against whom you fight a forrener:
 He that you fight for rules in clemencie,
 And raines you with a mild and gentle byt,
 He against whome you fight if hee preuaile,
 Will straight inthrone himselfe in tyrranie,
 Make slaues of you, and with a heauie hand
 Curtall and courb your swetest libertie.
 Then to protect your Country and your King,
 Let but the haughty Courrage of your hartes,
 Answere the number of your able handes,
 And we shall quicklie chase theis fugitiues,
 For whats this Edward but a belly god,
 A tender and lasciuious wantonnes,
 That thother daie was almost dead for loue,
 And what I praie you is his goodly gard,
 Such as but scant them of their chines of beefe,
 And take awaie their downie featherbedes,
 And presently they are as resty stiffe,
 As twere a many ouer ridden iades,

DERBY Kam je, vor euch, aus eures Vaters Haus,
Ein König? Edwards große Linie hält,
Von seiner Mutter her, fünfhundert Jahre
Das Szepter hoch. Erkennt nun selbst, Verschwörer,
Den angestammten Souverän: ists der?

PHILIP Vater, zur Schlacht! Macht dem Geschwätz ein Ende.
Die Engländer wolln Zeit mit Reden schinden,
Um uns, wenns Nacht wird, kampflos zu entwischen.
KÖNIG JOHN Ihr Herren, meine treuen Untertanen,
Die Zeit will nunmehr eure Kraft erproben.
Erwägt drum, Freunde, folgendes in Kürze:
Er, dem ihr beisteht, ist mit Recht der König,
Er, gegen den ihr steht, ist aus dem Ausland;
Er, dem ihr beisteht, ist ein milder Herrscher,
Der euch an langem Zügel sanft regiert;
Er, gegen den ihr steht, wenn er obsiegt,
Wird stracks als ein Tyrann den Thron erklimmen,
Wird euch versklaven, und mit rüder Faust
Die Freiheit hart an die Kandare nehmen.
Um daher Land und König zu beschirmen,
Laßt nur den hohen Mut in euren Herzen
Zur Vielzahl eurer tüchtgen Hände sprechen,
Und schnell sind uns die Fremden aus dem Land.
Denn was ist Edward weiter als ein Lüstling,
Ein weichlicher, ein geiler Schürzenjäger,
Der gestern noch halbtot vor Liebe war?
Und wer, ich bitte euch, sind seine Leutchen?
Enthaltet ihnen ihre Beefsteaks vor,
Und nehmt die weichen Federbetten weg,
Und schon sind sie so steifbeinig und lahm,
Als wärens Klepper, die zuschand geritten.

Then French men scorne that such should be your Lords
And rather bind ye them in captiue bands,
All Fra: Viue le Roy, God saue King Iohn of France.
I*o*: Now on this plaine of Cressie spred your selues,
And Edward when thou darest, begin the fight:

K*i*. Ed: We presently wil meet thee Iohn of Fraunce,
And English Lordes let vs resolue the daie,
Either to cleere vs of that scandalous cryme,
Or be intombed in our innocence,
And Ned, because this battell is the first,
That euer yet thou foughtest in pitched field,
As ancient custome is of *M*artialists,
To dub thee with the tipe of chiualrie,
In solemne manner wee will giue thee armes,
Come therefore Heralds, orderly bring forth,
A strong attirement for the prince my sonne.
Enter foure Heraldes bringing in a coate armour, a helmet, a
lance, and a shield.
Kin: Edward Plantagenet, in the name of God,
As with this armour I impall thy breast,
So be thy noble vnrelenting heart,
Wald in with flint of matchlesse fortitude,
That neuer base affections enter there,
Fight and be valiant, conquere where thou comst,
Now follow Lords, and do him honor to.
*D*ar: Edward Plantagenet prince of Wales,
As I do set this helmet on thy head,
Wherewith the chamber of this braine is fenst,
So may thy temples with Bellonas hand,
Be still adornd with lawrell victorie,
Fight and be valiant, conquer where thou comst.

Auf, Franzosen, das will bei euch Herr sein,
Laßt uns das Pack in Eisenketten schlagen!
ALLE FRANZOSEN Vive le roi! Gott schütze König John!
KÖNIG JOHN Besetzt die Ebne bei Crécy, und, Edward,
Falls du es wagst, beginne du die Schlacht.
König John, König von Böhmen und Gefolge ab.
KÖNIG EDWARD Schnell werden wir dich treffen, John von
Und uns sei dieser Tag, ihr Häupter Englands, [Frankreich.
Bestimmt, die schmähliche Verleumdung von uns
Abzuwaschen oder in das Grab
Zu gehn in Unschuld. Und, Ned, weil die Schlacht
Die erste Feldschlacht deines Lebens ist,
Wollen wir, nach altem Brauch des Mars,
Dich in den Stand der Ritterschaft erheben,
Und feierlich dich wappnen. Kommt, Herolde,
Bringt in guter Ordnung meinem Sohn,
Dem Prinzen, eine kriegerische Rüstung.
Vier Herolde bringen Hanisch, Helm, Lanze, Schild.

Edward Plantagenet, im Namen Gottes,
Wie ich die Brust in diesen Stahl dir schlage,
So soll dein edles, standhaft stetes Herz
In harten Stein des Muts gemauert sein,
Daß flaches Fühlen keinen Zugang finde.
Kämpfe kühn, wohin du kommst, erobre.
Tut es mir nach, ihr Herrn, und ehrt ihn auch.
DERBY Edward Plantagenet, Prinz von Wales,
Gleich wie ich diesen Helm aufs Haupt dir setze,
Als Wall für deines Schädels innre Kammer,
So soll Bellonas Hand dir deine Schläfen
Mit Siegeslorbeer immerfort bekränzen.
Kämpfe kühn, wohin du kommst, erobre.

Aud. Edward Plantagenet prince of Wales,
   Receiue this lance into thy manly hand,
   Vse it in fashion of a brasen pen,
   To drawe forth bloudie stratagems in France,
   And print thy valiant deeds in honors booke,
   Fight and be valiant, vanquish where thou comst.
Art: Edward Plantagener prince of Wales,
   Hold take this target, weare it on thy arme,
   And may the view there of like Perseus shield,
   Astonish and transforme thy gazing foes
   To senselesse images of meger death,
   Fight and be valiant, couquer where thou comst.
Ki. Now wants there nought but knighthood, which deferd
   Wee leaue till thou hast won it in the fielde,
[Pri:] My gratious father and yee forwarde peeres,
   This honor you haue done me animates,
   And chears my greene yet scarse appearing strength,
   With comfortable good persaging signes,
   No other wise then did ould Iacobes wordes,
   When as he breathed his blessings on his sonnes,
   These hallowed giftes of yours when I prophane,
   Or vse them not to glory of my God,
   To patronage the fatherles and poore,
   Or for the benefite of Englands peace,
   Be numbe my ioynts, waxe feeble both mine armes,
   Wither my hart that like a saples tree,
   I may remayne the map of infamy,
K. Ed: Then this our steelde Battailes shall be rainged,
   The leading of the vowarde Ned is thyne,
   To dignifie whose lusty spirit the more
   We temper it with Audlys grauitie,
   That courage and experience ioynd in one,

AUDLEY Edward Plantagenet, Prinz von Wales,
  In deine Manneshand empfange diese Lanze,
  Gebrauche sie als einen Eisengriffel,
  Um Frankreich rote Linien einzuritzen,
  Und dich ins Buch der Helden einzuschreiben.
  Kämpfe kühn, wohin du kommst, erobre.
ARTOIS Edward Plantagenet, Prinz von Wales,
  Nimm diesen Schild, trag ihn an deinem Arm,
  Sein Anblick möge, gleich dem Schild des Perseus,
  Den Feind betäuben, und ihn in ein stummes
  Ebenbild des dürren Tods verwandeln.
  Kämpfe kühn, wohin du kommst, erobre.
KÖNIG EDWARD Nun fehlt nur noch der Ritterschlag, doch den
  Sollst du dir im Feld erst noch verdienen.
PRINZ Mein edler Vater, und ihr hohen Herren,
  Die Ehre, die ihr mir erwiesen, steigert
  Und ermuntert mir die kaum gesprossnen
  Kräfte mit ermutigenden Zeichen,
  Nicht minder als des greisen Jakob Worte,
  Da er die Söhne segnete: mißbrauche
  Ich jemals eure Weihgeschenke, oder
  Verwende, gegen Gottes Ehre, sie
  Nicht zum Schutz der Hilflosen und Armen,
  Oder zu dem Friedenswohle Englands,
  Erstarrt, Gelenke, Arme, seid wachsweich,
  Verschrumpfe, Herz, daß ich, wie totes Holz,
  Ein Inbild sei für unfruchtbaren Stolz.
KÖNIG EDWARD Dann zieht das Eisenheer zu Feld wie folgt:
  Ned, du führst den Vortrab an, und um
  Die Angriffslust dir einmal mehr zu adeln,
  Soll Audleys Nüchternheit sie mäßigen,
  Denn wenn sich Wagemut und Wissen einen,

Your manage may be second vnto none,
For the mayne battells I will guide my selfe,
And Darby in the rereward march behind,
That orderly disposd and set in ray,
Let vs to horse and God graunt vs the daye.   *Exeunt:*

Alarum. Enter a many French men flying.
After them Prince Edward runing.
Then enter King Iohn and Duke of Loraine.

Iohn. Oh Lorrain say, what meane our men to fly,
    Our nomber is far greater then our foes,
Lor. The garrison of Genoaes my Lorde,
    That cam from Paris weary with their march,
    Grudging to be soddenly imployd,
    No sooner in the forefront tooke their place.
    But straite retyring so dismaide the rest,
    As likewise they betook themselues to flight
    In which for hast to make a safe escape,
    More in the clustering throng are prest to death,
    Then by the ennimie a thousand fold.

K. Io: O haplesse fortune, let vs yet assay,
    If we can counsell some of them to stay.
                Enter King Edward and Audley.
Ki. E: Lord Audley, whiles our sonne is in the chase,
    Withdraw our powers vnto this little hill,
    And heere a season let vs breath our selues,
Au. I will my Lord.   *Exit, sound Retreat.*

Setzt dich dein Tun als zweiten hinter keinen;
Das Hauptcorps will ich selbst befehligen,
Und Derby sichert mit der Nachhut ab.
Erteilt Befehl, und ordnet unsern Schlag,
Und dann zu Pferd. Uns schenke Gott den Tag.

Alle ab.

4. Szene

*Schlacht. Fliehende Franzosen, Prinz Edward ihnen nach.
König John, Lorraine.*

KÖNIG JOHN Was fällt, Lorraine, den Leuten ein, zu fliehn?
Wir sind an Zahl weit mehr als unsre Feinde.
LORRAINE Die Genueser Armbrustschützen, Herr,
Den Anmarsch von Paris noch in den Knochen,
Murrend, daß man in die Schlacht sogleich
Sie warf, sie hatten Stellung in den vordern
Linien kaum bezogen, als sie sich
Schon rückwärts wandten, alles mit sich reißend,
Wie sie selbst, zur Flucht, bei der, in Angst
Um sicheres Entkommen, im Gedränge
Aberhunderte zu Tod sich traten,
Weit mehr, als durch den Feind gefallen sind.
KÖNIG JOHN O schwankes Glück des Kriegs! Laß uns doch sehn:
Mag sein, wir bringen einen Teil zum Stehn.   *Beide ab.*
                    König Edward, Audley.
KÖNIG EDWARD Audley, laß den Jungen weiter jagen,
Und uns auf diesem Hügelchen verschnaufen;
Zieh deine Truppen hier um uns zusammen.
AUDLEY Wie Ihr befehlt, Mylord.   *Ab.*

K. *Ed.* Iust dooming heauen, whose secret prouidence,
  To our grosse iudgement is inscrutable,
  How are we bound to praise thy wondrous works,
  That hast this day giuen way vnto the right,
  And made the wicked stumble at them selues.

Enter Artoys.

Rescue king Edward, rescue, for thy sonne,
Kin: Rescue Artoys, what is he prisoner?
  Or by violence fell beside his horse.
Ar. Neither my Lord, but narrowly beset,
  With turning Frenchmen, whom he did persue,
  As tis impossible that he should scape.
  Except your highnes presently descend.
Kin: Tut let him fight, we gaue him armes to day,
  And he is laboring for a knighthood man.

Enter Derby.

Da: The Prince my Lord, the Prince, oh succour him,
  Hees close incompast with a world of odds.
Ki: Then will he win a world of honor to,
  If he by vallour can redeeme him thence,
  If not, what remedy, we haue more sonnes,
  Then one to comfort our declyning age.

Enter Audley.

Au, Renowned Edward, giue me leaue I pray,
  To lead my souldiers where I may releeue,
  Your Graces sonne, in danger to be slayne,
  The snares of French, like Emmets on a banke,
  Muster about him whilest he Lion like,
  Intangled in the net of their assaults,
  Frantiquely wrends and byts the wouen toyle,
  But all in vaine, he cannot free him selfe.
K: *Ed*: Audley content, I will not haue a man,

KÖNIG EDWARD Allgerechter Himmel, dessen Vorsicht
  Unser grobes Wägen nicht ergründet,
  Wie müssen wir dein Wunderwirken preisen,
  Daß du dem Recht den Weg bahnst, und die Schlechten
  Über ihresgleichen stolpern läßt.

Artois.

ARTOIS Rette, König Edward, rette deinen Sohn!
KÖNIG EDWARD Ich ihn retten? Was, ist er gefangen?
  Oder warf Gewalt ihn aus dem Sattel?
ARTOIS Weder noch, Herr, eingekreist ist er,
  Von Franzosen, die auf ihn, der sie
  Hart verfolgte, jäh zurück sich wandten.
  Eilt Ihr ihm nicht zur Hilfe, ist er hin.
KÖNIG EDWARD Ach, laß ihn kämpfen; Waffen hat er heute
  Erhalten, Mann, und will ein Ritter werden.

Derby.

DERBY Der Prinz, Mylord, der Prinz! O schickt Verstärkung!
  Er ist umringt von einer Welt von Feinden.
KÖNIG EDWARD Erringen wird er eine Welt von Ehre,
  Wenn seine Tapferkeit ihm da heraushilft.
  Wenn nicht, was tuts? Mehr Söhne zählen wir,
  Als den, um uns im Alter zu erfreun.

Audley.

AUDLEY Ruhmreicher Edward, gebt mir, bitt ich, Order,
  Meine Truppen wegzuführen, daß ich
  Euer Gnaden Sohn entsetzen kann,
  Dem anders Schlachtung droht. Ameisengleich
  Sind über ihm die Franzen, während er,
  Verstrickt in ihre Netze, löwenhaft
  Die Taue ihres Anfalls zerrt und beißt:
  Doch ganz umsonst, er kann sich nicht befrein.
KÖNIG EDWARD Audley, gib Ruh. Bei Todesstrafe rückt mir

On paine of death sent forth to succour him:
This is the day, ordaynd by desteny,
To season his courage with those greeuous thoughts,
That if he breaketh out, Nestors yeares on earth,
Will make him sauor still of this exployt.
Dar. Ah but he shall not liue to see those dayes,
Ki: Why then his Ephitaph, is lasting prayse.
Au: Yet good my Lord, tis too much wilfulnes,
To let his blood be spilt that may be saude,
Kin. Exclayme no more, for none of you can tell,
Whether a borrowed aid will serue or no,
Perhapps he is already slayne or tane:
And dare a Falcon when shees in her flight,
And euer after sheele be huggard like:
Let Edward be deliuered by our hands,
And still in danger hele expect the like,
But if himselfe, himselfe redeeme from thence,
He wil haue vanquisht cheerefull death and feare,
And euer after dread their force no more,
Then if they were but babes or Captiue slaues.
Aud. O cruell Father, farewell Edward then.
Da: Farewell sweete Prince, the hope of chiualry,
Art: O would my life might ransome him from death.
K. *Ed:* But soft me thinkes I heare,
The dismall charge of Trumpets loud retreat:
All are not slayne I hope that went with him,
Some will returne with tidings good or bad.
Enter Prince Edward in tryumph, bearing in his hande his
shiuered Launce, and the King of Boheme, borne before,
wrapt in the Coullours: They runne and imbrace him.
Aud, O ioyfull sight, victorious Edward liues.
Der. Welcome braue Prince.

Auch nicht ein Mann, ihm beizustehen, ab.
Das Schicksal hat ihm diesen Tag ersehn,
Den Wagemut mit Todesfurcht zu salzen,
Daß, kommt er durch, und wird so alt wie Nestor,
Er seine Heldentat auch dann noch schmeckt.
DERBY Ja, nur wird er den Tag nicht erleben.
KÖNIG EDWARD Nun, dafür überlebt sein Nachruhm ihn.
AUDLEY Doch es ist Willkür, gnädigster Monarch,
Sein Blut zu opfern, das wir retten können.
KÖNIG EDWARD Schweigt still, denn wer von euch vermag
Ob die geborgte Hilfe nutzt, ob nicht.   [zu sagen,
Wie leicht liegt er erschlagen schon, gefangen;
Und, lenke einen Falken ab im Flug,
Und er muß unweigerlich verwildern.
Haut unser Einsatz Edward jetzt heraus,
Wird, in Gefahr, er Nämliches erwarten;
Doch war ers selbst, der ihn errettet hat,
Ist er der Sieger über Tod und Furcht,
Und ihre Macht gilt ihm hinfort nicht mehr,
Als die von Kriegsgefangnen oder Kindern.
AUDLEY Ein grausam Vaterwort! Edward, leb wohl!
DERBY Lebt wohl, mein Prinz, wir hofften sehr auf Euch.
ARTOIS O kaufte ihn mein Leben los vom Tod!
KÖNIG EDWARD Nur ruhig – mir scheint, ich höre
Das gräßliche Signal zum Rückzug blasen:
Nicht alle, will ich hoffen, sind gefallen –
Irgendwer macht Meldung, irgendeine.
    Prinz Edward mit der Leiche des Königs von Böhmen.

AUDLEY O der Anblick! Edward, siegreich, lebend!
DERBY Willkommen, Prinz.

Ki: Welcome Plantagenet.   *kneele and*
Pr. First hauing donne my duety as beseemed   *kisse his*
 Lords I regreet you all with harty thanks,   *fathers hand*
 And now behold after my winters toyle,
 My paynefull voyage on the boystrous sea,
 Of warres deuouring gulphes and steely rocks,
 I bring my fraught vnto the wished port,
 My Summers hope, my trauels sweet reward:
 And heere with humble duety I present,
 This sacrifice, this first fruit of my sword,
 Cropt and cut downe euen at the gate of death:

 The king of Boheme father whome I slue,
 Whom you sayd, had intrencht me round about,
 And laye as thicke vpon my battered crest,
 As on an Anuell with their ponderous glaues,
 Yet marble courage, still did vnderprop,
 And when my weary armes with often blowes,
 Like the continuall laboring Wood-mans Axe,
 That is enioynd to fell a load of Oakes,
 Began to faulter, straight I would recouer:
 My gifts you gaue me, and my zealous vow,
 And then new courage made me fresh againe,
 That in despight I craud my passage forth,
 And put the multitude to speedy flyght: *his Sword*
 Lo this hath Edwards hand fild your request,   *borne by a*
 And done I hope the duety of a Knight   *Soldier.*
Ki: I well thou hast deserud a knight-hood Ned,
 And therefore with thy sword, yet reaking warme,
 With blood of those that fought to be thy bane,
 Arise Prince Edward, trusty knight at armes,

KÖNIG EDWARD Plantagenet, willkommen.
PRINZ kniet und küßt die Hand des Königs.
Laßt meine Pflicht mich tun, wie sichs gehört,
Und dann, Lords, euch, mit heißem Dank, neu grüßen.
Und seht, wie ich, nach meiner Fahrt durchs Eis,
Nach meinem Ritt auf ungestümen Wogen,
Vorbei am Mahlstrom und den Eisenklippen
Des Kriegs, mit meiner Fracht, in den erwünschten
Hafen laufe, meinen Sommer sehend,
Die liebliche Belohnung meiner Reise,
Und euch in Demut dieses Opfer bringe,
Die erste Ernte meines Schwerts, gepackt
Und abgemäht am Tor zur Unterwelt:
Der Böhmenkönig, Vater, den ich schlug,
Als tausend Mann mich eingekesselt hatten,
Und sie mir ihre donnerschweren Säbel,
Wie wenns ein Amboß wär, aufs Helmblech droschen.
Doch immer hielt mich marmorfest ein Mut,
Und wenn die Arme, lahm vom vielen Zuhaun,
Wie eines Waldarbeiters Axt, wenn der
'ne Wagenladung Eichen fällen soll,
Zu sinken drohten, dann besann ich gleich
Auf meine Waffen mich, und mein Gelübde,
Und gleich war ich mit neuem Mut gekräftigt,
Worauf ich trotzig eine Bahn mir freihieb,
Und eine Übermacht das Laufen lehrte.
Ja, so hat Edwards Arm erfüllt, was Ihr
Verlangtet, und tat, hoff ich, Ritterpflicht.
KÖNIG EDWARD Ja, du hast dir den Ritterschlag verdient,
Ned, und gleich mit deinem Schwert, von dem
Das Blut noch raucht von deinen Schlächtern.
Steht auf, Prinz Edward, Ritter, der Ihr seid,

This day thou hast confounded me with ioy,
And proude thy selfe fit heire vnto a king:
Pr. Heere is a note my gratious Lord of those,
That in this conflict of our foes were slaine,
Eleuen Princes of esteeme, Foure score Barons,
A hundred and twenty knights, and thirty thousand
Common souldiers, and of our men a thousand.
Our God be praised, Now Iohn of Fraunce I hope,
Thou knowest King Edward for no wantonesse,
No loue sicke cockney, nor his souldiers iades,
But which way is the fearefull king escapt?

Pr. Towards Poyctiers noble father, and his sonnes,
King. Ned, thou and Audley shall pursue them still,
Myselfe and Derby will to Calice streight;
And there begyrt that Hauen towne with seege:
Now lies it on an vpshot, therefore strike,
*A*nd wistlie follow whiles the games on foote.
Ki. What Pictures this.
Pr. *A* Pellican my Lord,
Wounding her bosome with her crooked beak,
That so her nest of young ones might be fed,
With drops of blood that issue from her hart,
The motto *Sic & vos,* and so should you,   *Exeunt.*

Ihr habt mich diesen Tag sehr stolz gemacht,
Und Euch als Erbe eines Reichs erwiesen.
PRINZ Hier, edler Herrscher, steht verzeichnet, wer
Von unsern Feinden auf dem Schlachtfeld blieb:
An Fürsten elf, Barone vier mal zwanzig,
Zwölf mal hundert Ritter, dreißigtausend
Gemeine; und von unsern Männern tausend.
KÖNIG EDWARD Gott sei gelobt. Ich hoffe, John von Frankreich,
Du hast den König Edward jetzt erkannt
Als wenig lüstern, kein verliebter Schlappschwanz,
Und seine Männer nicht als lahme Klepper.
Wohin hat sich der Hasenfuß geflüchtet?
PRINZ Nach Poitiers, mein Vater – mit den Söhnen.
KÖNIG EDWARD Ned, du und Audley, ihr verfolgt sie noch;
Ich selbst und Derby eilen nach Calais,
Und schließen Stadt und Hafen gänzlich ein.
Jetzt kommts drauf an, und darum rastet nicht,
Und hetzt das Wild, das aus der Dickung bricht.
KÖNIG EDWARD Was stellt das Bild dar?
PRINZ Einen Pelikan,
Der sich die Brust aufreißt mit krummem Schnabel,
Um seine Jungen in dem Nest zu füttern
Mit Tropfen Bluts, das ihm vom Herzen rinnt.
Der Sinnspruch *Sic et vos*: »Und so auch ihr.«   *Alle ab.*

Enter Lord Mountford with a Coronet in his hande, with him
the Earle of Salisbury.

Mo: My Lord of Salisbury since by our aide,
 Mine ennemie Sir Charles of Bloys is slaine,
 And I againe am quietly possest,
 In Brittaines Dukedome, knowe that I resolue,
 For this kind furtherance of your king and you,
 To sweare allegeance to his maiesty:
 In signe where of receiue this Coronet,
 Beare it vnto him, and with all mine othe,
 Neuer to be but Edwards faithful friend.

Sa: I take it Mountfort, thus I hope eare long,
 The whole Dominions of the Realme of Fraunce
 Wilbe surrendred to his conquering hand: *Exit*
 Now if I knew but safely how to passe,
 I would to Calice gladly meete his Grace,
 Whether I am by letters certified,
 Yet he intends to haue his host remooude,
 It shal be so, this pollicy will serue,
 Ho whose within? bring Villiers to me.
                   Enter Villeirs.
 Villiers, thou kuowest thou art my prisoner,
 And that I might for ransome if I would,
 Require of thee a hundred thousand Francks,
 Or else retayne and keepe thee captiue still:
 But so it is, that for a smaller charge,
 Thou maist be quit and if thou wilt thy selfe,

Vierter Akt
1. Szene

Montfort. Salisbury.

MONTFORT Mylord von Salisbury, da Ihr mir halft
    Sir Charles von Blois, mir feindlich, zu besiegen,
    Und ich das Herzogtum Bretagne wieder
    In sicherem Besitz hab, sollt Ihr wissen,
    Daß ich, als Dank für diese Förderung
    Durch Euren König und durch Euch, gewillt bin,
    Gefolgschaft Seiner Majestät zu schwören,
    Wofür, zum Zeichen, Ihr dies Diadem empfangt;
    Bringt es ihm, und meinen Eid dazu,
    Hinkünftig Edwards treuer Freund zu sein.
SALISBURY Ich nehme es, Montfort, und hoffe, so
    Wird binnen kurzem ihm das ganze Frankreich
    In seine segensreiche Hand gelegt.   *Montfort ab.*
    Jetzt, wüßt ich nur heil durchzukommen, träf ich
    Seine Hoheit gerne in Calais,
    Wohin, wie man mich schriftlich unterrichtet,
    Er seine Heeresmacht verlegen will.
    Das ist der Weg, der Schritt bringt mich ans Ziel:
    He, ihr da, schickt Villiers zu mir heraus.
                      Villiers.
    Villiers, Ihr wißt, Ihr seid mein Kriegsgefangner,
    Und wenn ich will, kann ich als Lösegeld
    Einhunderttausend Francs für Euch verlangen,
    Oder Euch im Kerker weiter halten.
    Doch steht es so, daß um geringre Kosten
    Ihr frei sein könnt, sofern Ihr selbst es wollt.

And this it is, procure me but a pasport,
Of Charles the Duke of Normandy, that I,
Without restraint may haue recourse to Callis,
Through all the Countries where he hath to doe.
Which thou maist easely obtayne I thinke,
By reason I haue often heard thee say,
He and thou were students once together:
And then thou shalt be set at libertie,
How saiest thou, wilt thou vndertake to do it?
Vil. I will my Lord, but I must speake with him.
Sa. Why so thou shalt, take Horse and post from hence,
Onely before thou goest, sweare by thy faith,
That if thou canst not compasse my desire,
Thou wilt returne my prisoner backe againe,
And that shalbe sufficient warrant for mee.
Vil: To that condition I agree my Lord,
And will vnfaynedly performe the same.   *Exit.*
Sal: Farewell Villiers,
Thus once I meane to trie a French mans faith.   *Exit.*

Enter King Edward and Derby with Souldiers.

Kin: Since they refuse our profered league my Lord,
And will not ope their gates and let vs in,
We will intrench our selues on euery side,
That neither victuals, nor supply of men,
May come to succour this accursed towne,
Famine shall combate where our swords are stopt.
                    Enter sixe poore Frenchmen.
Der. The promised aid that made them stand aloofe,

Und darum gehts: beschafft mir einen Paß
Von Charles, Herzog der Normandie, daß ich
Freien Durchzug nach Calais erhalte,
In den Gebieten, die ihm unterstellt sind –
Was Ihr, denk ich, unschwer erwirken werdet,
So oft, wie ich Euch habe sagen hörn,
Daß er und Ihr Schulkameraden wart –
Und man wird Euch in Freiheit setzen. Nun?
Was haltet Ihr davon? Wollt Ihrs versuchen?
VILLIERS Ich wills, Mylord, nur muß ich selbst ihn sprechen.
SALISBURY Nun, das sollt Ihr: nehmt ein Pferd und reitet.
Nur eines schwört, bei Eurer Ehre, mir,
Bevor Ihr reitet: könnt Ihr das Gewünschte
Nicht erreichen, kehrt als mein Gefangner
Ihr zurück, und Euer Wort genügt mir.
VILLIERS Ich stimme der Bedingung zu, Mylord,
Und werde sie in jedem Punkt erfüllen.   *Ab.*
SALISBURY Lebt wohl, Villiers.
Trau keinem Welschen, heißts. Wir werden sehn.   *Ab.*

2. Szene

König Edward, Derby, Soldaten.

KÖNIG EDWARD Da sie das Bündnis weigern, lieber Derby,
Und uns die Tore schließen und uns aussperrn,
Graben wir uns längs der Mauer ein,
Daß Nachschub nicht an Nahrung, noch an Mannschaft,
In die verdammte Stadt gelangt: der Hunger
Schlägt sie, die das Schwert uns hemmen.
Sechs arme Bürger aus Calais.
DERBY Entsatz, der ihnen zugesagt war, und

Is now retirde and gone an other way:
It will repent them of their stubborne will,
But what are these poore ragged slaues my Lord?

K*i: Edw.* Aske what they are, it seemes they come from
    Callis.

Der. You wretched patterns of dispayre and woe,
    What are you liuing men, er glyding ghosts,
    Crept from your graues to walke vpon the earth,

Poore: No ghosts my Lord, but men that breath a life,
    Farre worse then is the quiet sleepe of death:
    Wee are distressed poore inhabitants,
    That long haue been deseased, sicke and lame;
    And now because we are not fit to serue,
    The Captayne of the towne hath thrust vs foorth,
    That so expence of victuals may be saued.

K. *Ed.* A charitable deed no doubt, and worthy praise:
    But how do you imagine then to speed?
    We are your enemies in such a case,
    We can no lesse but put ye to the sword,
    Since when we proffered truce, it was refusde,

So: And if your grace no otherwise vouchsafe,
    As welcome death is vnto vs as life.

K*i:* Poore silly men, much wrongd, and more distrest,
    Go Derby go, and see they be relieud,
    Command that victuals be appoynted them,
    And giue to euery one fiue Crownes a peece:

    The Lion scornes to touch the yeelding pray,
    And Edwards sword must fresh it selfe in such,
    As wilfull stubbornnes hath made peruerse.
          Enter Lord Pearsie.

K*i:* Lord Persie welcome: whats the newes in England:

Sie störrig machte, ist nicht eingetroffen:
Das wird ihren Eigenwillen heilen. –
Doch wer, Mylord, sind diese Lumpenkerle?
KÖNIG EDWARD Frag sie; es scheint, sie kommen aus Calais.

DERBY Ihr grauen Zeichen von Verfall und Not,
Seid ihr menschlich, oder wankt ihr untot,
Dem Grab entkrochen, über diese Erde?
1. BÜRGER Nicht Tote, Herr, nur Menschen, die ein Leben,
Weit schlimmer als der stille Todesschlaf,
Zu leben haben. Abschaum der Stadt sind wir,
Verarmt, erkrankt, und lang schon unbrauchbar;
Und nun hat uns, die wir zu nichts mehr taugen,
Der Stadthauptmann hinaus vors Tor geworfen,
Damit an uns kein Korn verschwendet wird.
KÖNIG EDWARD Das nenn ich Nächstenliebe, Preis des Herrn!
Doch wie gedenkt ihr nun zu überdauern?
Wir sind der Feind, und können allenfalls
Euch mit dem Schwert abspeisen, da wir, als
Wir Frieden boten, abgewiesen wurden.
1. BÜRGER Sieht Euer Gnaden anders es nicht vor,
Ist uns der Tod, gleich wie das Leben, recht.
KÖNIG EDWARD Armselig Volk, mißhandelt sehr, und mehr
In Verzweiflung! Derby, geh und sieh,   [noch
Daß ihnen Hilfe wird, laß Proviant
An sie verteilen, und pro Mann fünf Kronen.
                Derby mit den armen Bürgern ab.
Der Löwe schont die Beute, die sich fügt,
Und Edwards Schwert zerfleischt nur solchen Feind,
Den ein entmenschter Starrsinn pervertiert.
                    Lord Percy.
Willkommen, Percy! Was bringst du aus England?

Per. The Queene my Lord comes heere to your Grace,
    And from hir highnesse, and the Lord vicegerent,
    I bring this happie tidings of successe,
    Dauid of Scotland lately vp in armes,
    Thinking belike he soonest should preuaile,
    Your highnes being absent from the Realme,
    Is by the fruitfull seruice of your peeres,
    And painefull trauell of the Queene her selfe:
    That big with child was euery day in armes,
    Vanquisht, subdude, and taken prisoner.
Ki: Thanks Persie for thy newes with all my hart,
    What was he tooke him prisoner in the field.
Per. A Esquire my Lord, Iohn Copland is his name:
    Who since intreated by her Maiestie,
    Denies to make surrender of his prize,
    To anie but vnto your grace alone:
    Whereat the Queene is greouously displeasd.
Ki: Well then wele haue a Pursiuaunt dispatch,
    To summon Copland hither out of hand,
    And with him he shall bring his prisoner king.
Per. The Queene my Lord her selfe by this at Sea,
    And purposeth as soone as winde will serue,
    To land at Callis, and to visit you,
Ki: She shall be welcome, and to wait her comming,
    Ile pitch my tent neere to the sandy shore.
            Enter a Captayne.
    The Burgesses of Callis mighty king,
    Haue by a counsell willingly decreed,
    To yeeld the towne and Castle to your hands,
    Vpon condition it will please your grace,
    To graunt them benefite of life and goods.
K. Ed. They wil so: Then belike they may command,

PERCY Die Königin, Mylord, empfiehlt sich Euch,
  Und Ihre Hoheit, und der Lord Statthalter,
  Senden Euch durch mich Erfreuliches:
  Schottlands David, eben noch in Waffen,
  Wähnend, um so schneller zu obsiegen,
  Je ferner Eure Majestät dem Reich,
  Ist, als die Frucht der Arbeit Eurer Peers,
  Und schwerer Mühe auch der Königin,
  Die, hochschwanger, Tag für Tag zu Feld zog,
  Bekriegt, besiegt und eingefangen worden.
KÖNIG EDWARD Percy, hab Dank, die Nachricht wärmt mein
  Wer wars, der ihn im Feld gefangen nahm?   [Herz.
PERCY Ein Squire, Sir, John Copland ist sein Name,
  Der seither, trotz Befehl der Königin,
  Es ablehnt, die Trophäe einem andern
  Als Eurer Hoheit abzuliefern, was
  Ihre Majestät sehr stark verstimmt.
KÖNIG EDWARD Nun denn, wir senden einen Wappenknappen,
  Der diesen Copland schleunig herbestellt,
  Und seine Königsbeute bringt er mit.
PERCY Die Königin stach deshalb schon in See,
  Und will, mit günstgem Wind, in Kürze
  Calais erreichen, um Euch aufzusuchen.
KÖNIG EDWARD Sie ist willkommen, und, sie zu erwarten,
  Schlag ich mein Zelt direkt am Ufer auf.

                    Stadthauptmann von Calais.

STADTHAUPTMANN Die Bürger von Calais sind, großer König,
  Nach Ratsbeschluß bereit, aus freien Stücken
  Die Stadt Euch, und die Burg, zu übergeben,
  Vorausgesetzt, daß Eure Hoheit ihnen
  Leben und Besitztum garantiert.
KÖNIG EDWARD Bereit sind sie? Dann mögen sies befehlen,

Dispose, elect, and gouerne as they list,
No sirra, tell them since they did refuse,
Our princely clemencie at first proclaymed,
They shall not haue it now although they would,
Will accept of nought but fire and sword,
Except within these two daies sixe of them
That are the welthiest marchaunts in the towne,
Come naked all but for their linnen shirts,
With each a halter hangd about his necke,
And prostrate yeeld themselues vpon their knees,
To be afflicted, hanged, or what I please,
And so you may informe their masterships.   *Exeunt*

Cap. Why this it is to trust a broken staffe.
    Had we not been perswaded Iohn our *King*,
    Would with his armie haue releeud the towne,
    We had not stood vpon defiance so:
    But now tis past that no man can recall,
    And better some do go to wrack then all.   *Exit,*

        Enter Charles of Normandy and Villiers

Ch: I wounder Villiers, thou shouldest importune me
    For one that is our deadly ennemie.
Vil: Not for his sake my gratious Lord so much,
    Am I become an earnest aduocate,
    As that thereby my ransome will be quit,
Ch: Thy ransome man: why needest thou talke of that?

Verfügen, tun und machen nach Belieben!
Nein, Freundchen, sag den Bürgern, weil sie
Mein königliches Mitgefühl verschmähten,
Da es zuerst sich regte, solln sie nun
Nichts davon schmecken, wie sehr sies auch wünschen.
Ich kenne nur die Flamme und das Schwert,
Es sei denn, binnen zweier Tage finden
Die sechs reichsten Handelsherrn der Stadt
Nackt sich ein, mit nichts als ihren Hemden,
Und einem Strick um seinen Hals ein jeder,
Und flehen mich, auf ihren Knieen, an,
Sie zu peitschen, sie zu hängen, oder
Was mir sonst einfällt. In dieser Weise
Wirst du die hohen Herren informieren.

König Edward, Derby, Soldaten ab.

STADTHAUPTMANN Das nenn ich einem angebrochnen Stab
    Hätt man uns nicht weisgemacht, der König   [traun.
    John käm, mit dem Heer, der Stadt zu Hilfe,
    Wir wären ganz so trutzig nicht gewesen.
    Nun ists zu spät, und keiner kanns mehr wenden,
    Und besser einige, als alle, enden.

3. Szene

Charles, Villiers.

CHARLES Ich frage mich, Villiers, warum du mir,
    Um eines Todfeinds willen, derart zusetzt.
VILLIERS Zu seinen Gunsten nicht, mein bester Herr,
    Hab ich zu seinem Anwalt mich gemacht,
    Nur mir wird so das Lösegeld erlassen.
CHARLES Das Lösegeld, Mann? Wozu davon reden?

Art thou not free? and are not all occasions,
That happen for aduantage of our foes,
To be accepted of, and stood vpon?

Vil: No good my Lord except the same be iust,
For profit must with honor be comixt,
Or else our actions are but scandalous:
But letting passe these intricate obiections,
Wilt please your highnes to subscribe or no?

Ch. Villiers I will not, nor I cannot do it,
Salisbury shall not haue his will so much,
To clayme a pasport how it pleaseth himselfe,

Vil: Why then I know the extremitie my Lord,
I must returne to prison whence I came,

Ch. Returne, I hope thou wilt not,
What bird that hath escapt the fowlers gin,
Will not beware how shees insnard againe:
Or what is he so senceles and secure,
That hauing hardely past a dangerous gulfe,
Will put him selfe in perill there againe.

Vil: Ah but it is mine othe my gratious Lord,
Which I in conscience may not violate,
Or else a kingdome should not draw me hence.

Ch: Thine othe, why that doth bind thee to abide:
Hast thou not sworne obedience to thy Prince?

Vil: In all things that vprightly he commands:
But either to perswade or threaten me,
Not to performe the couenant of my word,
Is lawlesse, and I need not to obey.

Ch: Why is it lawfull for a man to kill,
And not to breake a promise with his foe?

Vil: To kill my Lord when warre is once proclaymd,

Bist du nicht frei? Und muß nicht jede Lage,
Die uns den Vorteil vor dem Feind verschafft,
Genutzt und gegen ihn gewendet werden?

VILLIERS Nein, lieber Herr, es muß schon rechtens zugehn;
Gewinn darf uns nicht ohne Ehre werden,
Sonst ist, was wir auch tun, nicht gut getan.
Doch, abgesehn von solchem Für und Wider,
Mögt Ihr unterschreiben oder nicht?

CHARLES Villiers, ich mag nicht, und ich darf auch nicht:
Kein Salisbury kann, während wir im Krieg sind,
Passierscheine verlangen, wies ihm paßt.

VILLIERS Nun denn, Mylord, so weiß ich, was ich tun muß:
In das Gefängnis wieder gehn, aus dem ich kam.

CHARLES In das Gefängnis gehn? Ich will nicht hoffen!
Wird nicht ein Vogel, der dem Netz entkam,
Sich vorsehn, nicht erneut verstrickt zu werden?
Oder welcher Seemann, der mit Mühe
Am Rande eines Mahlstroms hingesegelt,
Wird so vermessen sein und närrisch, sich
Ein zweites Mal dort in Gefahr zu bringen?

VILLIERS Ach, wäre nicht der Eid, hochedler Herr,
Den ich selbst im Kopf nicht brechen darf,
Es würd kein Königreich mich von hier ziehn.

CHARLES Der Eid! Der freilich hält dich an, zu bleiben.
Schwurst du nicht, deinem König zu gehorchen?

VILLIERS In allem, das er redlich anbefiehlt.
Doch mich beschwatzen oder mich bedrohen,
Ich solle mein gegebnes Wort nicht halten,
Ist nicht rechtens, und ich muß nicht folgen.

CHARLES Wie, es ist rechtens, einen Feind zu töten,
Nicht aber, ein Versprechen ihm zu brechen?

VILLIERS Mylord, zu töten, wenn ein Krieg erklärt ist,

So that our quarrel be for wrongs receaude,
No doubt is lawfully permitted vs:
But in an othe we must be well aduisd,
How we do sweare, and when we once haue sworne,
Not to infringe it though we die therefore:
Therefore my Lord, as willing I returne,
As if I were to flie to paradise.

Ch: Stay my Villeirs, thine honorable minde,
Deserues to be eternally admirde,
Thy sute shalbe no longer thus deferd:
Giue me the paper, Ile subscribe to it,
And wheretofore I loued thee as Villeirs,
Heereafter Ile embrace thee as my selfe,
Stay and be still in fauour with thy Lord.

Vil: I humbly thanke your grace, I must dispatch,
And send this pasport first vnto the Earle,
And then I will attend your highnes pleasure.

Ch. Do so Villeirs, and Charles when he hath neede,
Be such his souldiers, howsoeuer he speede. *Exit Villeirs.*

Enter King Iohn.

K. Io: Come Charles and arme thee, Edward is intrapt,
The Prince of Wales is falne into our hands,
And we haue compast him he cannot scape.

Ch: But will your highnes fight to day.

Io: What else my son, hees scarse eight thousand strong
and we are threescore thousand at the least,

Ch: I haue a prophecy my gratious Lord,
Wherein is written what successe is like
To happen vs in this outragious warre,
It was deliuered me at Cresses field,
By one that is an aged Hermyt there,
when fethered foul shal make thine army tremble,

Damit der Streit erlittnes Unrecht gut macht,
Erlaubt uns zweifelsohne das Gesetz;
Vor einem Eid jedoch muß man drauf achten,
Was man schwört, und, hat man es geschworen,
Es zu halten, stirbt man auch dafür.
Der Grund, Mylord, läßt mich so willig umkehrn,
Als gings darum, ins Paradies zu fliegen.

CHARLES Halt, mein Villiers, in dir lebt eine Seele,
Die ewige Bewunderung verdient.
Dein Antrag soll nicht länger mehr verschleppt sein:
Gib mir das Papier, ich unterschreibe,
Und warst du als Villiers bereits mir lieb,
Umarme ich dich nun, als wärst du ich.
Bleib noch und sieh, wie ich, dein Herr, dir wohl will.

VILLIERS Ich danke Euer Gnaden. Ich muß fort,
Dem Grafen erst den Paß zu übersenden;
Dann steh ich, nach Gefallen, Euch zu Diensten.   *Ab.*

CHARLES Das tu, Villiers, und mögen Charles auf Erden
Soldaten nur, wie dieser eine, werden.

König John.

KÖNIG JOHN Charles, waffne dich, Edward sitzt in der Falle,
Der Prinz von Wales ist auch in unsrer Hand,
Eingeschlossen – er hat keinen Ausweg.

CHARLES Und Eure Majestät will heute kämpfen?

KÖNIG JOHN Was sonst, mein Sohn? Sie sind nur knapp acht-
Und wir sind mindestens fünfmal soviel.   [tausend,

CHARLES Ich hab hier eine Weissagung, mein Vater,
In der geschrieben steht, wie dieser Erbkrieg
Uns ausgehn soll. Gegeben hat sie mir
Bei Crécy ein alter Eremit:
»Wenn Vogelvolk dir deine Streitmacht schreckt,

and flint stones rise and breake the battell ray:
Then thinke on him that doth not now dissemble
For that shalbe the haples dreadfull day,
Yet in the end thy foot thou shalt aduance,
as farre in England, as thy foe in Fraunce,
Io: By this it seemes we shalbe fortunate:
For as it is impossible that stones
Should euer rise and breake the battaile ray,
Or airie foule make men in armes to quake,
So is it like we shall not be subdude:
Or say this might be true, yet in the end,
Since he doth promise we shall driue him hence,
And forrage their Countrie as they haue don ours
By this reuenge, that losse will seeme the lesse,
But all are fryuolous, fancies, toyes and dreames,
Once we are sure we haue insnard the sonne,
Catch we the father after how we can.   *Exeunt.*

Enter Prince Edward, Audley and others.

Pr. Audley the armes of death embrace vs round,
And comfort haue we none saue that to die,
We pay sower earnest for a sweeter life,
At Cressey field our Clouds of Warlike smoke,
chokt vp those French mouths, & disseuered them
But now their multitudes of millions hide
Masking as twere the beautious burning Sunne,
Leauing no hope to vs but sullen darke,
And eielesse terror of all ending night.
Au. This suddaine, mightie, and expedient head,
That they haue made, faire Prince is wonderfull.

Und Steine aufstehn und die Front zerbrechen,
Dann denk an ihn, der nichts Verborgnes heckt,
Denn der Tag wird das grause Urteil sprechen.
Doch soll dein Fuß so weit nach England gehn,
Wie deine Feinde heut in Frankreich stehn.«
KÖNIG JOHN Es scheint demnach, daß wir die Sieger sind:
Denn da wohl schwerlich Steine aufstehn und
Die Front zerbrechen, noch das Luftvolk Männer
In Waffen zittern macht, ist es sehr glaublich,
Daß wir nicht unterworfen werden solln.
Doch selbst gesetzt, es käme so: am Ende,
Da er verspricht, wir würden sie vertreiben,
Und sie zuhaus brandschatzen, wie sie uns,
Verschönt uns solche Rache alle Schäden.
Doch das ist alles Traum und Trug und Spielkram:
Ist uns der Sohn einmal ins Garn gegangen,
Dann sehn wir zu, daß wir den Vater fangen.   *Beide ab.*

4. Szene

Prinz Edward, Audley.

PRINZ Audley, der Tod legt seine Arme um uns,
Und Hoffnung bleibt uns keine, außer sterbend
Mit saurem Ernst ein süßres Sein zu zahlen.
Bei Crécy, da schluckte unser Kriegsrauch
Frankreichs Fliegen und zerstreute sie;
Doch nun maskieren ihre Riesenschwärme
Das feurig schöne Antlitz uns der Sonne,
Uns keine Aussicht lassend als das Dunkel
Und Schrecken, blicklos, endgültiger Nacht.
AUDLEY Der leise, rasche und vollkommne Aufmarsch,
Der ihnen glückte, Prinz, grenzt an ein Wunder.

137

Before vs in the vallie lies the king,
Vantagd with all that heauen and earth can yeeld,
His partie stronger battaild then our whole:
His sonne the brauing Duke of Normandie,
Hath trimd the Mountaine on our right hand vp,
In shining plate, that now the aspiring hill,
Shewes like a siluer quarrie, or an orbe
Aloft the which the Banners bannarets,
And new replenisht pendants cuff the aire,
And beat the windes, that for their gaudinesse,
Struggles to kisse them on our left hand lies,
Phillip the younger issue of the king,
Coting the other hill in such arraie,
That all his guilded vpright pikes do seeme,
Streight trees of gold, the pendant leaues,
And their deuice of Antique heraldry,
Quartred in collours seeming sundy fruits,
Makes it the Orchard of the Hesperides,
Behinde vs two the hill doth beare his height,
For like a halfe Moone opening but one way,
It rounds vs in, there at our backs are lodgd,
The fatall Crosbowes, and the battaile there,
Is gouernd by the rough Chattillion,
Then thus it stands, the valleie for our flight,
The king binds in, the hils on either hand,
Are proudly royalized by his sonnes,
And on the Hill behind stands certaine death,
In pay and seruice with Chattillion.

Pr. Deathes name is much more mightie then his deeds,
　Thy parcelling this power hath made it more,
　Then all the world, and call it but a power:

Da vor uns in der Senke liegt der König,
Und was der Himmel hergibt und die Erde
Hat er, und ist in der Übermacht,
Schon er. Sein Sohn, der waghalsige Herzog
Der Normandie, hat uns die Höhe rechts
Mit Glanz gepanzert, so daß uns ihr Abhang
Als Silbermine scheint, als Sternensphäre,
Von Bannern und von Bändern überflaggt,
Frisch aufgezognen Wimpeln, die die Luft
Ohrfeigen und den Wind wegstoßen, der,
Weil sie so herrlich sind, um einen Kuß
Mit ihnen ringt. Zu unsrer Linken liegt
Philip, seines Königs jüngrer Sprößling,
Und hat den Hügel so zur Schlacht geschmückt,
Daß all die goldverzierten Piken goldne
Bäume scheinen, und die Fähnchen Blätter,
Und ihre altehrwürdige Heraldik,
Farbig geviertelt, wirkt wie bunte Früchte,
Und macht den Hang zum Hesperidengarten.
Auch hinter uns erhebt sein Haupt der Hügel,
Denn, wie ein Halbmond, dreiseitig geschlossen,
Umfaßt er uns: da, uns im Rücken, stehen
Die fatalen Armbrustschützen, und
Ihr Bataillon befehligt Chatillon,
Der keine Gnade kennt. So stehts um uns:
Den Talweg unsrer Flucht besetzt der König,
Die Hügel seitlich krönen seine Söhne,
Und am Hang hinter uns harrt sichrer Tod
Auf seine Arbeit unter Chatillon.
PRINZ Der Name Tod ist größer als sein Tun:
Dein Zergliedern seiner Macht vermehrt sie,
Bis sie mehr ist als die ganze Welt,

As many sands as these my hands can hold,
are but my handful of so many sands,
Easely tane vp and quickly throwne away,
But if I stand to count them sand by sand
The number would confound my memorie,
And make a thousand millions of a taske,
Which briefelie is no more indeed then one,

These quarters, squadrons, and these regements,
Before, behinde vs, and on either hand,
Are but a power, when we name a man,
His hand, his foote, his head hath seuerall strengthes,
And being al but one selfe instant strength,
Why all this many, Audely is but one,
And we can call it all but one mans strength:

He that hath farre to goe, tels it by miles,
If he should tell the steps, it kills his hart:
The drops are infinite that make a floud,
And yet thou knowest we call it but a Raine:
There is but one Fraunce, one king of Fraunce,
That Fraunce hath no more kings, and that same king
Hath but the puissant legion of one king?
And we haue one, then apprehend no ods,
For one to one, is faire equalitie.
              Enter an Herald from king Iohn.
Pr. What tidings messenger, be playne and briefe.
He: The king of Fraunce my soueraigne Lord and master,
       Greets by me his fo, the Prince of Wals,
       If thou call forth a hundred men of name
       Of Lords, Knights, Esquires and English gentlemen,
       And with thy selfe and those kneele at his feete,

Und ist doch eine Macht nur. Soviel Sand
Ich in der Hand auch halten kann, es ist
Nicht mehr als eine Handvoll Sand, leicht auf-
Gehoben und noch rascher fortgeworfen.
Doch bleib ich stehn, ihn Korn für Korn zu zählen,
Bringt seine Menge mich um den Verstand,
Und macht aus Etwas tausend Millionen,
Das doch wahrhaftig mehr nicht war als eins.
Die Schwadronen, Kompanien, Regimenter
Vor uns, hinter uns, an unsern Flanken,
Sie sind nur eine Macht. Berechnen wir
Die Stärke eines Mannes denn danach,
Wie stark die Hand, der Fuß, der Schädel ist?
Nein, da die Stärke im Zusammenwirken
Des Vielen liegt, ist sie uns, Audley, eines,
Und mehr nicht als die Stärke eines Mannes.
Wer einen weiten Weg hat, geht nach Meilen:
Wollt er nach Schritten gehn, er würde irr;
Wer zählt die Tropfen, die den Guß ausmachen,
Doch uns, das weißt du, sind sie nur ein Regen.
Ein Frankreich ist, ein König ist in Frankreich:
Frankreich hat nur den einen, und der eine
Befiehlt der Heeresmacht des einen Königs,
Und einen haben wir. Drum keine Bange,
Einer gegen Einen nenn ich Gleichstand.
            Herold von König John.
Was gibts zu sagen, Mund? Nur mach es kurz.
HEROLD Frankreichs König, der mein Herr und Meister,
    Grüßt durch mich seinen Feind, den Prinz von Wales.
    So Ihr hundert Männer aufruft, große Namen,
    An Lords, an Rittern, Edelleuten, Hofherrn,
    Und Euch samt ihnen ihm zu Füßen werft,

He straight will fold his bloody collours vp,
And ransome shall redeeme liues forfeited:
If not, this day shall drinke more English blood,
Then ere was buried in our Bryttish earth,
What is the answere to his profered mercy?
Pr. This heauen that couers Fraunce containes the mercy
That drawes from me submissiue orizons,
That such base breath should vanish from my lips
To vrge the plea of mercie to a man,
The Lord forbid, returne and tell the king,
My tongue is made of steele, and it shall beg
My mercie on his coward burgonet.
Tell him my colours are as red as his,
My men as bold, our English armes as strong,
returne him my defiance in his face.

He. I go.

Enter another.

Pr. What newes with thee?
He. The Duke of Normandie my Lord & master
Pittying thy youth is so ingirt with perill,
By me hath sent a nimble ioynted iennet,
As swift as euer yet thou didst bestride,
And therewithall he counsels thee to flie,
Els death himself hath sworne that thou shalt die.
P: Back with the beast vnto the beast that sent him
Tell him I cannot sit a cowards horse,
Bid him to daie bestride the iade himselfe,
For I will staine my horse quite ore with bloud,
And double guild my spurs, but I will catch him,
So tell the capring boy, and get thee gone.

Enter another.

Rollt er sogleich die blutgen Banner ein,
Und Lösegeld erwirkt verwirkte Leben;
Wo nicht, trinkt dieser Tag mehr englisch Blut,
Als vordem hierzuland ins Erdreich rann.
Wie heißt die Antwort auf die gnädige Avance?
PRINZ Der Himmel über Frankreich kennt die Gnade,
Die mich fußfällig bitten machen kann:
Verhüte Gott, daß über meine Lippen
So Niedres dringt, wie eine Bettelei
Um Gnade eines Mannes. Geh und sage
Deinem König, meine Zunge sei aus Stahl,
Und um Gnade klopfte sie für mich
Auf seinen feigen Sturmhut. Sag ihm, blutig
Sind meine Banner auch, und meine Männer
Auch kühn, und Englands Waffen auch gewaltig:
Ins Gesicht erwidre ihm den Abscheu.
HEROLD Ich gehe.   *Ab.*
        Herold von Charles, Herzog der Normandie.
PRINZ Was bringst du Schönes?
HEROLD Der Herzog Charles, mein Herr und Meister, den
Eure Jugend, von Gefahr umringt,
Dauert, schickt ein fein hispanisch Rößlein,
So flink als Ihr nur eines habt bestiegen,
Und rät Euch, mittels seiner zu entweichen,
Sonst schwur der Tod, Eur Leben auszustreichen.
PRINZ Weg mit dem Viech zu dem Viech, das es schickte!
Den Gaul des Feiglings reit ich nicht, das sag ihm:
Er soll die Mähre lieber selbst besteigen,
Denn wird mein Pferd mir scheckig auch von Blut,
Und mir der Sporn gleich zwiefach rot, ich krieg ihn.
Sag du das dem Kindskopf und verschwinde. *Herold ab.*
        Herold von Prinz Philip.

He: Edward of Wales, Phillip the second sonne
     To the most mightie christian king of France,
     Seeing thy bodies liuing date expird,
     All full of charitie and christian loue,
     Commends this booke full fraught with prayers,
     To thy faire hand, and for thy houre of lyfe,
     Intreats thee that thou meditate therein,
     And arme thy soule for hir long iourney towards.
     Thus haue I done his bidding, and returne.

Pr. Herald of Phillip greet thy Lord from me,
     All good that he can send I can receiue,
     But thinkst thou not the vnaduised boy,
     Hath wrongd himselfe in this far tendering me,
     Happily he cannot praie without the booke,
     I thinke him no diuine extemporall,
     Then render backe this common place of prayer,
     To do himselfe good in aduersitie,
     Besides, he knows not my sinnes qualitie,
     and therefore knowes no praiers for my auaile,
     Ere night his praier may be to praie to God,
     To put it in my heart to heare his praier,
     So tell the courtly wanton, and be gone.
He. I go.
Pr. How confident their strength and number makes them,
     Now *A*udley sound those siluer winges of thine,
     *A*nd let those milke white messengers of time,
     Shew thy times learning in this dangerous time,
     Thy selfe art busie, and bit with many broiles,
     And stratagems forepast with yron pens,

     Are texted in thine honorable face,

HEROLD Edward von Wales, Philip, der zweite Sohn
  Des allerchristlichsten Regenten Frankreichs,
  Legt Euch, in Anbetracht, daß Euer Leben
  In Eurem Erdenkörper abläuft, voll
  Von Mitgefühl und wahrer Nächstenliebe,
  Dies Buch ans Herz, beladen mit Gebeten,
  Und fleht Euch dringlich, Eure letzten Stunden
  Euch darein zu versenken, so die Seele
  Für ihre baldge weite Reise wappnend.
  Ich sprach, was er Euch bitten läßt, und gehe.
PRINZ Philips Herold, grüß mir deinen Herrn.
  Was er mir gütig gibt, ich nehme es.
  Doch denkst du nicht, der unberatne Jüngling
  Schadet sich, sorgt er sich so um mich?
  Das Buch, wie will er ohne es denn beten?
  Geistlich extemporieren kann er schwerlich.
  Drum trag die Sammlung besser wieder hin,
  Auf daß sie ihn erbaue in der Not.
  Auch weiß er nicht, was ich gesündigt habe,
  Und kennt so das Gebet nicht, daß mir frommt.
  Sein Nachtgebet soll sein, den Herrn zu bitten,
  Erweichen möge mich sein Nachtgebet.
  Bestell dem Schlingel das, und nun hau ab.
HEROLD Ich gehe.   *Ab.*
PRINZ Wie dreist die Übermacht sie werden läßt!
  Jetzt, Audley, breite deine Silberschwingen,
  Und laß die milchweißgrauen Abgesandten
  Der Zeit uns zeigen, was dich deine Zeit
  Gelehrt hat über diese Zeit des Unheils.
  Viel Streit hat dich befahren und gekerbt,
  Und alte Strategeme schrieben sich
  Mit Eisenfedern in dein greises Antlitz.

Thou art a married man in this distresse.
But danger wooes me as a blushing maide,
Teach me an answere to this perillous time.
Aud. To die is all as common as to liue,
 The one in choice the other holds in chase,
 For from the instant we begin to liue,
 We do pursue and hunt the time to die,
 First bud we, then we blow, and after seed,
 Then presently we fall, and as a shade
 Followes the bodie, so we follow death,
 If then we hunt for death, why do we feare it?
 If we feare it, why do we follow it?
 If we do feare, how can we shun it?
 If we do feare, with feare we do but aide
 The thing we feare, to seize on vs the sooner,
 If wee feare not, then no resolued proffer,
 Can ouerthrow the limit of our fate,
 For whether ripe or rotten, drop we shall,
 as we do drawe the lotterie of our doome.
Pri. Ah good olde man, a thousand thousand armors,
 These wordes of thine haue buckled on my backe,
 Ah what an idiot hast thou made of lyfe,
 To seeke the thing it feares, and how disgrast,
 The imperiall victorie of murdring death,
 Since all the liues his conquering arrowes strike,
 Seeke him, and he not them, to shame his glorie,
 I will not giue a pennie for a lyfe,
 Nor halfe a halfepenie to shun grim death,
 Since for to liue is but to seeke to die,
 And dying but beginning of new lyfe,
 Let come the houre when he that rules it will,
 To liue or die I hold indifferent.   *Exeunt.*

Der Sorge hier bist du ein Ehgemahl,
Mich aber freit Gefahr als eine Jungfrau:
Lehr mich die Antwort auf die schlechte Zeit.
AUDLEY Das Sterben ist alltäglich wie das Leben,
Eins hält uns hoch, das andre uns in Atem,
Denn haben wir zu leben erst begonnen,
Jagen wir der Zeit zu sterben nach.
Erst knospen wir, dann blühn wir, streuen Samen,
Dann, zügig, fallen wir; und wie ein Schatten
Dem Körper folgt, so folgen wir dem Tod.
Jagen wir den Tod, weshalb ihn fürchten?
Fürchten wir ihn, weshalb ihm dann folgen?
Wenn ihm folgen, wie entfliehn wir ihm?
Fürchten wir, hilft unsre Furcht dem Ding,
Das wir befürchten, früher uns zu fassen;
Fürchten wir nicht, kann auch der Wille
Die Grenzen unsres Schicksals nicht verrücken,
Denn, ob noch grün, ob überreif, wir fallen,
Je nach dem Los des Endes, das wir zogen.
PRINZ Ah, guter Alter, tausend, tausend Panzer
Hat, was du sagst, mir vor die Brust geschnallt.
Ah, welchen Narren machst du aus dem Leben,
Der, was er fürchtet, sucht! Und wie beschämst du
Die stolze Weltherrschaft des Mörders Tod,
Da alle Leben, die sein Pfeil dahinstreckt,
Ihn suchen, nicht er sie, zu seiner Schande.
Nicht einen Penny geb ich für ein Leben,
Noch einen halben, um den Tod zu fliehn,
Da ja zu leben heißt, zu sterben suchen,
Und sterben, neu ein Leben zu beginnen.
Die Stunde schlägt, wenn er, der lenkt, es will:
Zu leben, wie zu sterben, gilt mir gleich.   *Beide ab.*

Enter king Iohn and Charles.

Ioh: A sodaine darknes hath defast the skie,
　　The windes are crept into their caues for feare,
　　the leaues moue not, the world is husht and still,
　　the birdes cease singing, and the wandring brookes,
　　Murmure no wonted greeting to their shores,
　　Silence attends some wonder, and expecteth
　　That heauen should pronounce some prophesie,
　　Where or from whome proceeds this silence Charles?
Ch: Our men with open mouthes and staring eyes,
　　Looke on each other, as they did attend
　　Each others wordes, and yet no creature speakes,
　　A tongue-tied feare hath made a midnight houre,
　　and speeches sleepe through all the waking regions.
Ioh: But now the pompeous Sunne in all his pride,
　　Lookt through his golden coach vpon the worlde,
　　and on a sodaine hath he hid himselfe,
　　that now the vnder earth is as a graue,
　　Darke, deadly, silent, and vncomfortable. *A clamor of rauens*
　　Harke, what a deadly outcrie do I heare?
Ch. Here comes my brother Phillip.
Ioh. All dismaid. What fearefull words are those thy lookes
　　presage?
Pr. A flight, a flight.
Ioh: Coward what flight? thou liest there needs no flight.
Pr. A flight.
Kin: Awake thy crauen powers, and tell on
　　the substance of that verie feare in deed,
　　Which is so gastly printed in thy face,

5. Szene

King John, Charles.

KÖNIG JOHN Jählings hat der Himmel sich verfinstert,
    Die Winde krochen ängstlich in die Höhlen,
    Kein Blatt regt sich, die Welt liegt tot und stumm,
    Die Vögel schweigen, und die Bäche murmeln
    Den Ufern nicht den lang gewohnten Gruß;
    Wundersam still ists, als erwartete
    Die Erde eine Weissagung des Himmels.
    Von wo, von wem kommt uns die Stille, Charles?
CHARLES Es schaun die Männer sich mit offnem Mund
    Und großen Augen an, als harrte einer
    Auf des andern Wort, doch alles schweigt:
    Zungenlahme Furcht schafft Mitternacht,
    Und Schlaf der Rede, im Bezirk des Wachens.
KÖNIG JOHN Noch eben sah die stolze Sonne strahlend
    Aus ihrem goldnen Wagen auf die Welt,
    Und hat sich jäh verborgen, und nun liegt
    Die Erde unten wie ein Grabloch da,
    Dunkel, tödlich, still und trostlos. Horch,
    Was für ein scheußliches Geschrei hör ich!
CHARLES Da kommt mein Bruder Philip.
KÖNIG JOHN Ganz entgeistert.
    Was sagt dein Blick uns, das wir fürchten müssen?
PHILIP Es fleucht, es fleucht!   [fleucht.
KÖNIG JOHN Feigling, was fleucht? Das lügst du, niemand
PHILIP Es fleucht –
KÖNIG JOHN Rüttle die verwirrten Sinne wach,
    Und sag uns, wo der Grund für diese Furcht liegt,
    Die dir so garstig ins Gesicht gedruckt steht.

What is the matter?

Pr. A flight of vgly rauens
Do croke and houer ore our souldiers heads
*A*nd keepe in triangles and cornerd squares,
Right as our forces are imbatteled,
With their approach there came this sodain fog,
Which now hath hid the airie flower of heauen,
*A*nd made at noone a night vnnaturall,
Vpon the quaking and dismaied world,
In briefe, our souldiers haue let fall their armes,
and stand like metamorphosd images,
Bloudlesse and pale, one gazing on another.

Io: I now I call to mind the prophesie,
But I must giue no enterance to a feare,
Returne and harten vp these yeelding soules,
*T*ell them the rauens seeing them in armes,
So many faire against a famisht few,
Come but to dine vpon their handie worke,
and praie vpon the carrion that they kill,
For when we see a horse laid downe to die,
although not dead, the rauenous birds
Sit watching the departure of his life,
Euen so these rauens for the carcases,
Of those poore English that are markt to die,
Houer about, and if they crie to vs,
Tis but for meate that we must kill for them,
*A*waie and comfort vp my souldiers,
and sound the trumpets, and at once dispatch
This litle busines of a silly fraude.   *Exit Pr.*

        Another noise, Salisbury brought in by a
             French Captaine.

Was ist geschehn?

PHILIP Es fleucht ein Krähenschwarm
Mit häßlich krächzendem Geschwirr grad über
Den Köpfen meiner Männer, und er hält
Dreiecke ein und rechte Winkel, so,
Wie meine Regimenter aufgestellt sind;
Zugleich mit ihnen stieg der Nebel auf,
Der uns die blaue Himmelsflur verbirgt,
Und auf der bebenden, verstörten Erde
Am Mittag Nacht läßt werden, unnatürlich.
Kurz, fallen ließen unsere Soldaten
Das Schwert, und stehn gleich steingewordnen Bildern,
Blutlos und bleich, und starren stumm sich an.

KÖNIG JOHN Ja, ich erinnere mich der Prophezeiung,
Doch darf ich Furcht den Zutritt nicht gewähren. –
Zurück, und mach den bangen Seelen Mut,
Die Krähen, sag, als die sic sahn in Waffen,
So herrlich vor dem Häuflein Hungerleider,
Kamen zu dem Schmaus nach unsrer Arbeit,
Um in dem Aas zu schwelgen, das wir liefern;
Denn kaum, daß sich ein Gaul legt und verreckt,
Erblicken wir, er keucht noch, Räuberschnäbel,
Die hocken, sein Verenden zu belauern:
So schwirren diese Krähen nach den Knochen
Der armen Englischen, bestimmt zum Tod,
Und krächzen sie nach uns, so gilts dem Fleisch,
Das wir ihnen schlachten solln. Hinweg,
Und muntere mir die Soldaten auf,
Laß Fanfaren blasen, mach der Kleinigkeit
An blödsinniger Täuschung gleich ein Ende.   *Philip ab.*
            Ein Hauptmann, Salisbury gefangen.

Cap: Behold my liege, this knight and fortie mo,
          Of whom the better part are slaine and fled,
          With all indeuor sought to breake our rankes,
          And make their waie to the incompast prince,
          Dispose of him as please your maiestie.

Io: Go, & the next bough, souldier, that thou seest,
        Disgrace it with his bodie presently,
        For I doo hold a tree in France too good,
        To be the gallowes of an English theefe.
Sa: My Lord of Normandie, I haue your passe,
        And warrant for my safetie through this land.
Ch. Villiers procurd it for thee, did he not?
Sal: He did.
Ch: And it is currant, thou shalt freely passe.
Io: I freely to the gallows to be hangd,
        Without deniall or impediment.
        Awaie with him.
Ch. I hope your highnes will not so disgrace me,
          and dash the vertue of my seale at armes,
          He hath my neuer broken name to shew,
          Carectred with this princely hande of mine,
          and rather let me leaue to be a prince,
          Than break the stable verdict of a prince,
          I doo beseech you let him passe in quiet,

Ki: Thou and thy word lie both in my command,
        What canst thou promise that I cannot breake?
        Which of these twaine is greater infamie,
        To disobey thy father or thy selfe?
        Thy word nor no mans may exceed his power,

HAUPTMANN Seht den an, Herr, der Ritter hier, samt vierzig
　　　Weiteren, von denen jetzt die meisten
　　　Erschlagen oder weggelaufen sind,
　　　War stark bemüht, durch unsre Reihn zu brechen,
　　　Und zu dem eingeschlossnen Prinz zu stoßen.
　　　Eur Majestät macht mit ihm, was Euch einfällt.
KÖNIG JOHN Geh, Soldat, und den nächstbesten Ast
　　　Verunzierst du mir kurz mit seiner Leiche,
　　　Denn Frankreichs Bäume sind zu gut als Galgen
　　　Für englisch Diebsgesindel, finde ich.
SALISBURY Ich habe, Herzog, Eure Unterschrift
　　　Auf einem Paß, der meinen Durchzug sichert.
CHARLES Den hat Villiers für Euch besorgt, nicht wahr?
SALISBURY Das hat er.
CHARLES Und er ist gültig: Ihr könnt frei passieren.
KÖNIG JOHN Jawohl, zum Galgen, um gehängt zu werden,
　　　Ohne Einspruchsrecht und ohne Aufschub.
　　　Schaff ihn weg.
CHARLES 　　　　　　Ich hoffe, Eure Hoheit
　　　Will mich nicht auf diese Art beschämen,
　　　Und meines Siegels Kraft zu Boden schlagen.
　　　Vorweisen kann er meinen nie entehrten
　　　Namenszug, von meiner Hand, der Hand
　　　Geschrieben eines Prinzen, und weit besser
　　　Schließt Ihr vom Thron mich völlig aus, als daß Ihr,
　　　Was der Kronprinz zugesagt hat, brecht.
　　　Ich bitte Euch, laßt ihn in Frieden ziehn.
KÖNIG JOHN Du und dein Wort, ihr untersteht mir beide.
　　　Was versprichst denn du, das ich nicht breche?
　　　Von diesen zwein ist was wohl unverschämter:
　　　Dem Vater nicht gehorchen, oder dir?
　　　Dein Wort, und sonst keins, nimmt dem nicht die Macht,

Nor that same man doth neuer breake his worde,
That keepes it to the vtmost of his power.
The breach of faith dwels in the soules consent,
Which if thy selfe without consent doo breake,
Thou art not charged with the breach of faith,
Go hang him, for thy lisence lies in mee,
and my constraint stands the excuse for thee.
Ch. What am I not a soldier in my word?
Then armes adieu, and let them fight that list,
Shall I not giue my girdle from my wast,
But with a gardion I shall be controld,
To saie I may not giue my things awaie,
Vpon my soule, had Edward prince of Wales
Ingagde his word, writ downe his noble hand,
For all your knights to passe his fathers land,
The roiall king to grace his warlike sonne,
Would not alone safe conduct giue to them.
But with all bountie feasted them and theirs.

Kin: Dwelst thou on presidents, then be it so,
Say Englishman of what degree thou art.
Sa: An Earle in England, though a prisoner here,
And those that knowe me call me Salisburie.
Kin: Then Salisburie, say whether thou art bound.
Sa. To Callice where my liege king Edward is.
Kin: To Callice Salisburie, then to Callice packe,
and bid the king prepare a noble graue,
To put his princely sonne blacke Edward in,
and as thou trauelst westward from this place,
Some two leagues hence there is a loftie hill,
Whose top seemes toplesse, for the imbracing skie,
Doth hide his high head in her azure bosome,

Noch bricht sonst jemand je sein Wort, solang ers
Mit aller Macht zu halten sich bemüht.
Ein Wortbruch braucht der Seele Einverständnis,
Das, wenn du ohne es dein Wort nicht hältst,
Dich wegen Wortbruchs nicht belangbar macht.
Geh, häng ihn; deine Vollmacht ruht in mir,
Und meine Vormacht stellt dein Alibi.
CHARLES Was, ich bin nicht Soldat des eignen Worts?
Adieu, ihr Waffen, kämpfen laßt, wens juckt.
Ich soll den Gurt nicht von der Seite geben,
Ohne daß ein Aufpasser mich mahnt,
Ich möge meine Sachen nicht verschenken?
Bei meinem Leben, hätte Edward, Prinz
Von Wales, sein Wort gegeben eigenhändig,
Es dürfe Euer Ritterheer durchs Reich
Des Vaters unbehelligt ziehn, der Herrscher,
Zu Ehren seines kriegerischen Sohns,
Gewährte nicht nur frei Geleit, er würde
Sie, und die ihren, großzügig bewirten.
KÖNIG JOHN Schwelgst du in Ritterlichkeit? Schön, so seis.
Sprich, Engländer, von welchem Stand du bist.
SALISBURY Ein Graf von England, wenn auch hier Gefangner,
Und wer mich kennt, der nennt mich Salisbury.
KÖNIG JOHN Nun sprecht, Salisbury, wohin Ihr gewollt.
SALISBURY Nach Calais, zu meinem König Edward.
KÖNIG JOHN Nach Calais, Salisbury? Nach Calais dann,
Und laßt den König schön ein Grab bereiten,
Um seinen edlen Sohn, den schwarzen Edward,
Hineinzutun, und kommt Ihr nach zwei Meilen
Westlich von hier zu einem hohen Berg,
Dessen Gipfel gipfellos erscheint,
Weil ihn der Himmel uns an der azurnen

Vpon whose tall top when thy foot attaines,
Looke backe vpon the humble vale beneath,
Humble of late, but now made proud with armes,
and thence behold the wretched prince of Wales,
Hoopt with a bond of yron round about,
After which sight to Callice spurre amaine,
and saie the prince was smoothered, and not slaine,
and tell the king this is not all his ill,
For I will greet him ere he thinkes I will,
Awaie be gone, the smoake but of our shot,
Will choake our foes, though bullets hit them not.   *Exit.*

Allarum. Enter prince Edward and Artoys.

Art: How fares your grace, are you not shot my Lord?
Pri: No deare *Artoys*, but choakt with dust and smoake,
    And stept aside for breath and fresher aire.
Art. Breath then, and too it againe, the amazed French
    are quite distract with gazing on the crowes,
    and were our quiuers full of shafts againe,
    Your grace should see a glorious day of this,
    O for more arrowes Lord, thats our want.
Pri. Courage *Artoys*, a fig for feathered shafts,
    When feathered foules doo bandie on our side,
    What need we fight, and sweate, and keepe a coile,
    When railing crowes outscolde our aduersaries
    Vp, vp *Artoys*, the ground it selfe is armd,
    Fire containing flint, command our bowes
    To hurle awaie their pretie colored Ew,
    and to it with stones, awaie Artoys, awaie,

Brust verbirgt, dann macht am Abhang halt,
Und blickt zurück ins Tal zu Euren Füßen –
Demütig tief zwar, aber waffenstarrend –
Und seht den armen Prinz von Wales Euch an,
Wie er ganz umwickelt ist mit Eisen.
Auf diesen Anblick spornt Ihr nach Calais,
Und sprecht, der Prinz, er ward erdrückt, und nicht
Erschlagen, und der König mag sich freun,
Noch eh ers denkt, werd ich schon bei ihm sein.
Weg, macht Euch fort, der Qualm von dem Geschoß
Erstickt den Feind, bevor sein Blut noch floß.   *Alle ab.*

6. Szene

Schlacht. Prinz Edward, Artois.

ARTOIS Wie gehts Euch, Herr? Ihr seid doch nicht verletzt?
PRINZ Nein, Artois, mich würgen Staub und Rauch –
Laß mich nur frischen Atem wieder schöpfen.
ARTOIS Dann schöpft, und an die Arbeit. Die Franzosen
Stehn gaffend, von den Krähen abgelenkt,
Und hätten wir noch Pfeile in den Köchern,
Eur Gnaden hätte einen großen Tag.
O, gib uns Pfeile, Herr! Hör unsre Bitte.
PRINZ Nur Mut, Artois, was brauchen wir noch Federn,
Wenn zu uns die Gefiederten sich halten!
Wozu noch Schwert, und Schweiß, und Kampfgewühl,
Wenn Krähen krächzend uns den Gegner ängsten?
Los, los, Artois, die Erde selbst trägt Waffen
Aus hartem Feuerstein: befiehl den Schützen,
Die bunten Eibenschäfte zu verschießen,
Und dann nimm Steine! Auf, Artois, zur Schlacht!

My soule doth prophesie we win the daie.　　　　*Exeunt.*
　　　Allarum. Enter king Iohn.
Our multitudes are in themselues confounded,
Dismayed, and distraught, swift starting feare
Hath buzd a cold dismaie through all our armie,
and euerie pettie disaduantage promptes
The feare possessed abiect soule to flie,
My selfe whose spirit is steele to their dull lead,
What with recalling of the prophesie,
and that our natiue stones from English armes
Rebell against vs, finde my selfe attainted
With strong surprise of weake and yeelding feare.

　　　　　Enter Charles.
Fly father flie, the French do kill the French,
Some that would stand, let driue at some that flie,
Our drums strike nothing but discouragement,
Our trumpets sound dishonor, and retire,
The spirit of feare that feareth nought but death,
Cowardly workes confusion on it selfe.
　　　　　Enter Phillip.
Plucke out your eies, and see not this daies shame,
An arme hath beate an armie, one poore Dauid
Hath with a stone foild twentie stout Goliahs,
Some twentie naked staruelings with small flints,
Hath driuen backe a puisant host of men,
Araid and fenst in al accomplements,

Ioh: Mordiu they quait at vs, and kill vs vp,
　　No lesse than fortie thousand wicked elders,
　　Haue fortie leane slaues this daie stoned to death.
Ch: O that I were some other countryman,

Mir sagt mein Herz, daß dieser Tag uns lacht.   *Beide ab.*

King John.

KÖNIG JOHN Die Masse unsres Heers ist in sich morsch,
Verworren und verzagt. Quecksilberschnell
Eilt Furcht durch die Armee und macht sie kopflos,
Und jeder noch so kleine Nachteil stiftet
Die angstbesessnen Seelen an zur Flucht.
Selbst ich, mit einem Willen wie aus Stahl,
Mißt man ihn an ihrem dumpfen Blei,
Muß an die Prophezeiung denken, daß sich
Das eigene Gestein als Englands Waffe
Gegen uns erhebt, und finde mich
Erstaunt von Furcht befallen und geschwächt.

Charles.

CHARLES Flieht, Vater, flieht! Frankreich fällt Frankreich an:
Wer standhält, zielt auf den, der fliehen will,
Die Trommeln dröhnen nur Vergeblichkeit,
Fanfaren blasen Schmach und Rückzug nur;
Der Geist der Furcht, den Tod wie nichts sonst fürchtend,
Zeugt feig die selbst sich nährende Verwirrung.

Philip.

PHILIP Reißt aus die Augen vor dem Tag der Schande!
Mit bloßer Hand ward heut ein Heer geschlagen:
Vernichtet hat ein jämmerlicher David
Mit einem Stein zehn stramme Goliaths.
Zwanzig nackte Hungerleider treiben
Mit Kieseln in die Flucht ein Riesenheer,
Ein schwer gerüstetes und straff geführtes.

KÖNIG JOHN Mort Dieu! Uns tödlich üben sie den Zielwurf.
Wie vierzigtausend schlimme Greise werden
Von vierzig Bauern wir zu Tod gesteinigt.

CHARLES O, daß ich nicht zu diesem Volk gehörte!

This daie hath set derision on the French,
and all the world wilt blurt and scorne at vs.

Kin: What is there no hope left?

Pr. No hope but death to burie vp our shame,

Ki. Make vp once more with me the twentith part
Of those that liue, are men inow to quaile,
The feeble handfull on the aduerse part.

Ch. Then charge againe, if heauen be not opposd
We cannot loose the daie.

Kin. On awaie.   *Exeunt*

  Enter Audley wounded, & rescued by two squirs.

Esq. How fares my Lord;

Aud. Euen as a man may do
That dines at such a bloudie feast as this.

Esq. I hope my Lord that is no mortall scarre,

Aud. No matter if it be, the count is cast,
and in the worst ends but a mortall man,
Good friends conuey me to the princely Edward
That in the crimson brauerie of my bloud,
I may become him with saluting him,
Ile smile and tell him that this open scarre,
Doth end the haruest of his *Audleys* warre.   *Ex.*

  Enter prince Edward, king Iohn, Charles, and all
    with Ensignes spred.
    Retreat sounded.

Pri. Now Iohn in France, & lately Iohn of France,
Thy bloudie Ensignes are my captiue colours,
and you high vanting Charles of Normandie,

Der Tag macht die Franzosen zum Gespött,
Und alle Welt wird uns die Lippen spitzen.
KÖNIG JOHN Was denn, soll keine Hoffnung sein?
PHILIP Nur noch der Tod, die Schande zu begraben.
KÖNIG JOHN Noch schließt die Reihn mit mir. Ein Zwan-
  Von dem, was lebt, stellt noch genügend Männer, [zigstel
  Die Handvoll Gegner glatt zu überrennen.
CHARLES Noch einmal denn. Und hält der Himmel zu uns,
  Erringen wir den Sieg.
KÖNIG JOHN Auf, auf, zum Krieg!   *Alle ab.*
        Audley, verwundet, zwei Edelleute.
ERSTER Wie gehts Euch, Herr?
AUDLEY Wies einem Mann ergeht,
  Der sich zu einem Blutfest setzt, wie diesem.
ZWEITER Ich hoffe, Herr, die Wunde ist nicht tödlich.
AUDLEY Und wenn auch, meine Rechnung ist gemacht,
  Und schließt, wenns schlimm kommt, ab, was sterblich ist.
  Bringt, meine Freunde, mich zum Prinzen Edward,
  Daß ich, im Purpurmantel meines Bluts,
  Mit einem letzten Gruß ihn ehren kann.
  Dies zerrissne Fleisch, will ich ihm sagen,
  Zerreißt das Band von Audleys Kriegertagen.   *Alle ab.*

                    7. Szene

            Prinz Edward, King John, Charles.

PRINZ Nun, John in Frankreich, vormals John von Frankreich,
  Dein blutges Banner ist mein bunter Häftling,
  Und du, Charles Großmaul von der Normandie,

That once to daie sent me a horse to flie,
are now the subiects of my clemencie.
Fie Lords, is it not a shame that English boies,
Whose early daies are yet not worth a beard,
Should in the bosome of your kingdome thus,
One against twentie beate you vp together.
Kin. Thy fortune, not thy force hath conquerd vs.
Pri. an argument that heauen aides the right,

See, see, Artoys doth bring with him along,
the late good counsell giuer to my soule,
Welcome Artoys, and welcome Phillip to,
Who now of you or I haue need to praie,
Now is the prouerbe verefied in you,
Too bright a morning breeds a louring daie.
            Sound Trumpets, enter Audley.
But say, what grym discoragement comes heere,
Alas what thousand armed men of Fraunce,
Haue writ that note of death in Audleys face:
Speake thou that wooest death with thy careles smile
and lookst so merrily vpon thy graue,
As if thou wert enamored on thyne end,
What hungry sword hath so bereuad thy face,
And lopt a true friend from my louing soule:
Au. O Prince thy sweet bemoning speech to me.
Is as a morneful knell to one dead sicke.
Pr. Deare Audley if my tongue ring out thy end:
My armes shalbe the graue, what may I do,
To win thy life, or to reuenge thy death,

If thou wilt drinke the blood of captyue kings,
Or that it were restoritiue, command

Absender des Gauls für meine Flucht,
Bist jetzt auf meine Gnade angewiesen.
Pfui, ihr Herrn, schämt ihr euch nicht, daß Englands
Jugend, die noch keinen Bart wert, euch
Im Herzen eures eignen Königreichs,
Einer gegen zwanzig, so vermöbelt?
KÖNIG JOHN Dein Glück, nicht deine Kampfkraft, hat gesiegt.
PRINZ Und das beweist, der Himmel hilft dem Recht.

Artois, mit Philip.

Sieh an, da bringt Artois auch noch den letzten
Ratgeber meines Seelenheils. Willkommen,
Artois, und sei willkommen, Philip. Wer
Von uns, du oder ich, braucht ein Gebetbuch?
Nun wird das alte Sprichwort an dir wahr:
Am Morgen lacht, wer weinen soll zur Nacht.

Trompeten. Audley, die zwei Edelleute.

Doch sagt, wie naht Betrübnis sich auch uns?
Ach, wieviel tausend Klingen Frankreichs kratzten
Den Brief des Todes Audley ins Gesicht?
Sprich du, der den Tod so lächelnd freit,
Und so vergnügten Sinns sein Grab betrachtet,
Als sei er gradweg in das Nichts verliebt,
Welch Schwert biß dir so hungrig ins Gesicht,
Und schnitt mir einen alten Freund vom Herzen?
AUDLEY O Prinz, die liebevolle Klage läutet
Dem Sterbenden auf seinen letzten Weg.
PRINZ Ist meine Zunge dir die Totenglocke,
Sind meine Arme dir das Grab, mein Audley.
Was kann ich tun, dein Leben zu gewinnen,
Und, hilft nichts mehr, zu rächen deinen Tod?
Willst du das Blut gefangner Herrscher trinken?
Oder, heilt es dich, befiehl, das Wohl

A Heath of kings blood, and Ile drinke to thee,
If honor may dispence for thee with death,
The neuer dying honor of this daie,
Share wholie Audley to thy selfe and liue.
Aud: Victorious Prince, that thou art so, behold
A Caesars fame in kings captiuitie;
If I could hold dym death but at a bay,
Till I did see my liege thy loyall father,
My soule should yeeld this Castle of my flesh,
This mangled tribute with all willingnes;
To darkenes consummation, dust and Wormes.

Pr. Cheerely bold man, thy soule is all to proud,
To yeeld her Citie for one little breach,
Should be diuorced from her earthly spouse,
By the soft temper of a French mans sword:
Lo, to repaire thy life, I giue to thee,
Three thousand Marks a yeere in English land.

Au: I take thy gift to pay the debts I owe:
These two poore Esquires redeemd me from the French
With lusty & deer hazzard of their liues;
What thou hast giuen me I giue to them,
And as thou louest me Prince, lay thy consent.
To this bequeath in my last testament.

Pr. Renowned Audley, liue and haue from mee,
This gift twise doubled to these Esquires and thee
But liue or die, what thou hast giuen away,
To these and theirs shall lasting freedome stay,
Come gentlemen, I will see my friend bestowed,
With in an easie Litter, then wele martch.

Mit Königsblut dir auszubringen, und
Ich trink dir zu. Falls Kriegsruhm dich beim Tod
Auslösen kann, nimm den unsterblichen
Ruhm dieses Tags auf dich, Audley, und lebe.
AUDLEY Siegreicher Prinz – das seid Ihr, der Ihr gleich
Dem großen Caesar Könige Euch fangt –
Könnt ich den Tod solang in Schach nur halten,
Bis ich meinen Herrn sah, Euren Vater,
Meine Seele übergäbe diese
Festung meines Fleisches, den zerstückten
Tribut, in aller Willigkeit dem Dunkel,
Der Verwesung, ihrem Staub und Wurmvolk.
PRINZ Nicht doch, Held, zu stolz ist dir die Seele,
Als daß sie, einer kleinen Schramme wegen,
Ihre Burg ausliefern wird, sich scheiden läßt
Von ihrem Erdengatten durch das schlappe
Eisen eines Franzmanns. Schau, um dich
Gesund zu machen, schenk ich dir in England
Grund, der jährlich dreimal tausend Mark bringt.
AUDLEY Ich nehme dein Geschenk, um meine Schulden
Bei diesen beiden armen Herrn zu zahlen.
Sie hauten unter Einsatz ihres Lebens
Bei den Franzosen tapfer mich heraus:
Was du mir gabst, das gebe ich an sie,
Und, achtet Ihr mich, Prinz, bestätigt Ihr
Mir diese Bitte meines letzten Willens.
PRINZ Ruhmreicher Audley, lebt, und nehmt sogleich
Zweifache Schenkung für die Herrn und Euch;
Doch lebt Ihr, oder sterbt, was Euer war,
Bleibt ihnen und den ihren immerdar.
Kommt, ihr Herren, betten wir den Freund
Auf eine komfortable Trage. Dann

Proudly toward Callis with tryumphant pace,
Vnto my royall father, and there bring,
The tribut of my wars, faire Fraunce his king.   *Ex.*

Ed. No more Queene Phillip, pacifie your selfe,
    Copland, except he can excuse his fault,
    Shall finde displeasure written in our lookes,
    And now vnto this proud resisting towne,
    Souldiers assault, I will no longer stay,
    To be deluded by their false delaies,
    Put all to sword, and make the spoyle your owne.

All: Mercy king Edward, mercie gratious Lord.
Ki: Contemptuous villaines, call ye now for truce?
    Mine eares are stopt against your bootelesse cryes,
    Sound drums allarum, draw threatning swords?
All: Ah noble Prince, take pittie on this towne,
    And heare vs mightie king:
    We claime the promise that your highnes made,
    The two daies respit is not yet expirde,
    And we are come with willingnes to beare,
    What tortering death or punishment you please,
    So that the trembling multitude be saued,

Marschieren im Triumph wir nach Calais
Zu meinem Vater, und als Kriegstribut
Ist uns Frankreichs König nicht zu gut.   *Alle ab.*

Fünfter Akt

1. Szene

König Edward, Königin Philippa, Derby.

KÖNIG EDWARD Königin Philippa, gebt jetzt Ruhe:
John Copland wird, kann er sich nicht entlasten,
Mißbilligung in Unsern Blicken lesen.
Und nun auf diese hochmütige Stadt:
Soldaten, stürmt! Ich bin nicht länger willens,
Mich durch ihr Querziehn irreführn zu lassen.
Tut mit dem Schwert sie ab, und plündert sie!
                Sechs reiche Bürger aus Calais.
DIE BÜRGER Gnade, König Edward, habt Erbarmen!
KÖNIG EDWARD Verworfne Schurken, winselt ihr um Frieden?
Verstopft ist mir das Ohr für euer Jammern.
Trommeln, schlagt zum Angriff, blank die Eisen!
1. BÜRGER Ach, edler Fürst, habt Mitleid mit der Stadt,
Und hört uns, großer König.
Denkt an das Versprechen, das Ihr gabt:
Die zwei Tage sind noch nicht verstrichen,
Und wir kamen, willens zu ertragen,
Und mögen es auch Folter sein, und Tod,
Was Ihr als Strafe über uns verhängt,
Damit die Mehrheit ungeschoren bleibt.

K*i*: My promise, wel I do confesse as much;
    But I require the cheefest Citizens,
    And men of most account that should submit,
    You peraduenture are but seruile groomes,
    Or some fellonious robbers on the Sea,
    Whome apprehended law would execute,
    Albeit seuerity lay dead in vs,
    No no ye cannot ouerreach vs thus,
T*wo*: The Sun dread Lord that in the western fall,
    Beholds vs now low brought through miserie,
    Did in the Orient purple of the morne,
    Salute our comming forth when we were knowne
    Or may our portion be with damned fiends,
K*i*: If it be so, then let our couenant stand,
    We take possession of the towne in peace,
    But for your selues looke you for no remorse,
    But as imperiall iustice hath decreed,
    Your bodies shalbe dragd about these wals,
    And after feele the stroake of quartering steele,
    This is your dome, go souldiers see it done.
Q*u*: Ah be more milde vnto these yeelding men,
    It is a glorious thing to stablish peace,
    And kings approch the nearest vnto God,
    By giuing life and safety vnto men,
    As thou intendest to be king of Fraunce,
    So let her people liue to call thee king,
    For what the sword cuts down or fire hath spoyld
    Is held in reputation none of ours.
K*i*: Although experience teach vs, this is true,
    That peacefull quietnes brings most delight,
    When most of all abuses are controld,
    Yet insomuch, it shalbe knowne that we,

König Edward Mein Versprechen? Nun, das gab es wohl;
Nur forderte ich, unterwerfen sollten
Sich angesehne Bürger, reiche Bürger.
Ihr seid vielleicht nur Knechtsvolk, gar Piraten,
Die dem Gesetz verfallen sind auch dann,
Wenn Unsre Strenge schliefe: nein, nein, geht,
Uns haut ihr nicht so einfach übers Ohr.

2. Bürger Die Sonne, die im Westen untergeht,
Gestrenger Herr, erblickt uns tief erniedrigt,
Und grüßte, als sie rot im Osten aufstieg,
Uns auf der Höhe unsres Ansehns noch;
Ich will verdammt sein, wenn es nicht so ist.
König Edward Ist es so, gilt, was wir abgemacht –
Wir nehmen friedlich von der Stadt Besitz;
Doch ihr, hofft ihr für euch nicht auf Erbarmen,
Sondern, wie das Kriegsgesetz es vorschreibt,
Schleift man euch rings um diese Mauer, und danach
Sollt ihr geviertteilt werden mit dem Beil.
Dies euer Spruch. Soldaten, führt ihn aus.
Königin Ach, geht mit den Ärmsten nicht so hart um!
Es ist ein schönes Ding, den Frieden stiften,
Und Könige stehn Gott stets dann am nächsten
Wenn sie die Menschen glücklich leben lassen:
Du willst in Frankreich König sein, drum laß
Sein Volk am Leben, König dich zu nennen,
Denn wen das Schwert schlug und das Feuer sengte,
Der wird uns kaum in großem Ansehn halten.
König Edward Obgleich Erfahrung Uns die Wahrheit lehrt,
Daß Frieden dann am meisten Freude macht,
Wenn jeder Mißbrauch gründlich unterdrückt wird,
So wolln Wir doch, auf daß die Welt es wisse,

Aswell can master our affections,
As conquer other by the dynt of sword,
Phillip preuaile, we yeeld to thy request,
These men shall liue to boast of clemencie,
And tyrannie strike terror to thy selfe.

T*wo*: long liue your highnes, happy be your reigne
K*i*: Go get you hence, returne vnto the towne,
And if this kindnes hath deserud your loue,
Learne then to reuerence Edw. as your king.   *Ex.*
Now might we heare of our affaires abroad,
We would till glomy Winter were ore spent,
Dispose our men in garrison a while,
But who comes heere?
                    Enter Copland and King Dauid.
De, Copland my Lord, and Dauid King of Scots:
K*i*: Is this the proud presumtious Esquire of the
North,
That would not yeeld his prisoner to my Queen,
Cop: I am my liege a Northen Esquire indeed,
But neither proud nor insolent I trust.
K*i*: What moude thee then to be so obstinate,
To contradict our royall Queenes desire?
Co. No wilfull disobedience mightie Lord,
But my desert and publike law at armes.
I tooke the king my selfe in single fight,
and like a souldier would be loath to loose
The least preheminence that I had won.
And Copland straight vpon your highnes charge,
Is come to Fraunce, and with a lowly minde,
Doth vale the bonnet of his victory:
Receiue dread Lorde the custome of my fraught,

Wir sind imstand, die Leidenschaft zu zügeln,
Wie Wir imstand sind, kraft des Schwerts zu herrschen,
Der Königin willfahren: beugen wollen
Wir Uns Euch, Philippa, diese Männer,
Sie werden leben, Unsre Sanftmut zu bezeugen,
Und, Tyrannei, sei nur dir selbst ein Schrecken.
DIE BÜRGER Lang lebe Eure Hoheit, herrscht mit Glück!
KÖNIG EDWARD Heim kehrt ihr unversehrt in eure Stadt,
Und verdient die Milde eure Liebe,
Erkennt ihr Edward an als euren König.   *Bürger ab.*
Nun wüßt ich gern, wies bei Poitiers aussieht.
Der Winter kommt, die Truppe braucht Quartier.
Wen haben wir denn da?

Copland, mit König David.
DERBY Copland, Mylord, und David, Schottlands König.
KÖNIG EDWARD Das also ist Sir Sturkopf aus dem Norden,

Der frech der Königin den Häftling weigert?
COPLAND Zwar bin ich aus dem Norden, großer König
Doch weder stur noch frech, soweit ich sehe.
KÖNIG EDWARD Was bist du dann so obstinat, dem Willen
Unsrer Königin zu widerstreiten?
COPLAND Nicht willentlicher Trotz, erhabner Herr,
Nur, was mir zusteht, und gemeines Kriegsrecht.
Ich nahm den König fest Mann gegen Mann,
Und, als Soldat, verdroß es mich, den Vorrang,
Den ich mir so gewann, so wegzuschenken.
Und Copland, wies Eur Majestät verlangt,
Kommt nach Frankreich, und zieht unterwürfig
Die Mütze seines Siegs vor seinem König.
Empfangt, Herr, Euren Anteil an der Fracht,

The wealthie tribute of my laboring hands,
Which should long since haue been surrendred vp
Had but your gratious selfe bin there in place,
Q. But Copland thou didst scorne the kings command
Neglecting our commission in his name.
Cop. His name I reuerence, but his person more,
His name shall keepe me in alleagaunce still,
But to his person I will bend my knee.
King. I praie thee Phillip let displeasure passe:
This man doth please mee, and I like his words,
For what is he that will attempt great deeds,
and loose the glory that ensues the same,
all riuers haue recourse vnto the Sea,
and Coplands faith relation to his king,
Kneele therefore downe, now rise king Edwards knight,
and to maintayne thy state I freely giue,
Fiue hundred marks a yeere to thee and thine.

welcom lord Salisburie, what news from Brittaine
Enter Salsbury.
Sa: This mightie king, the Country we haue won,
And Charles de Mounford regent of that place,
Presents your highnes with this Coronet,
Protesting true allegeaunce to your Grace.
Ki: We thanke thee for thy seruice valient Earle
Challenge our fauour for we owe it thee:
Sa: But now my Lord, as this is ioyful newes,
So must my voice be tragicall againe,
and I must sing of dolefull accidents,
Ki: What haue our men the ouerthrow at Poitiers,
Or is our sonne beset with too much odds?
Sa. He was my Lord, and as my worthlesse selfe,

Den Tribut von meiner Hände Arbeit,
Der lang schon übergeben worden wäre,
Wär Euer Gnaden nur vor Ort gewesen.
KÖNIGIN Ich herrschte in des Königs Namen, Copland,
Was er befahl, hast du in mir mißachtet.
COPLAND Seinen Namen acht ich, die Person
Insoweit mehr, als ich dem Namen anhäng,
Vor der Person jedoch beug ich mein Knie.
KÖNIG EDWARD Ich bitte Euch, Philippa, laßt es durchgehn;
Ich mag den Mann, und was er sagt, gefällt mir:
Denn wer entschließt sich schon zu einer Großtat,
Und will vom Ruhm, der ihm gehört, nichts wissen?
Die Flüsse fließen all dem Meere zu,
Und so hält Copland es mit seinem König.
Knie nieder. − Steh als Edwards Ritter auf,
Und für den Unterhalt gewähre ich
Fünfhundert Mark im Jahr dir und den deinen.
                    Salisbury.
Willkommen, Salisbury, wie stehts in der Bretagne?

SALISBURY So, edler Herr: das Herzogtum ist unser,
Jean de Montfort, der es regiert, verehrt
Eur Hoheit dieses Diadem und schwört,
Daß er Euch treu Gefolgschaft leisten wird.   [Schuldner.
KÖNIG EDWARD Dank für den Dienst, Graf. Wir sind Euer
Nehmt, nach Belieben, unsre Gunst in Anspruch.
SALISBURY So freudig diese Nachricht ist, Mylord,
Muß ich nun doch die Stimme traurig senken,
Und muß ein unheilvolles Wort Euch sagen.
KÖNIG EDWARD Wie? Sind bei Poitiers wir unterlegen
Oder ist der Junge in Bedrängnis?
SALISBURY Er war es, Herr: und als ich armer Mann,

With fortie other seruicable knights,
Vnder safe conduct of the *D*olphins seale,
Did trauaile that way, finding him distrest,
A troupe of Launces met vs on the way,
Surprisd and brought vs prisoners to the king,
Who proud of this, and eager of reuenge,
Commanded straight to cut of all our heads,
*A*nd surely we had died but that the Duke,
More full of honor then his angry syre,
Procurd our quicke deliuerance from thence,
*B*ut ere we went, salute your king, quothe hee,
Bid him prouide a funerall for his sonne,
To day our sword shall cut his thred of life,
And sooner then he thinkes wele be with him:
To quittance those displeasures he hath done,
*T*his said, we past, not daring to reply,
Our harts were dead, our lookes diffusd and wan,
Wandring at last we clymd vnto a hill,
From whence although our griefe were much before
Yet now to see the occasion with our eies,
Did thrice so much increase our heauines,
For there my Lord, oh there we did descry
Downe in a vallie how both armies laie:
The French had cast their trenches like a ring,
And euery Barricados open front,
Was thicke imbost with brasen ordynaunce.
Heere stood a battaile of ten thousand horse,
There twise as many pikes in quadrant wise,
Here Crosbowes and deadly wounding darts,
*A*nd in the midst like to a slender poynt,
Within the compasse of the horison,
as twere a rising bubble in the sea,

Eskortiert von vierzig Reitern, eintraf,
Das Siegel des Dauphins gab uns Geleit,
Und ihn in Not sah, und ihm helfen wollte,
Verstellt den Weg uns ein Trupp Lanzenreiter,
Nimmt uns gefangen und bringt uns zum König,
Der, darob hocherfreut und rachedurstig,
Sogleich befahl, uns alle aufzuhängen,
Und tot wärn wir, hätte nicht der Herzog,
Ehrenhafter als sein schlimmer Vater,
Bewirkt, daß man uns schleunig wieder freiließ.
Doch eh wir ritten, sprach der König noch
›Grüß deinen König, sag ihm, sorgen soll er
Für das Begräbnis seines Heldensohns:
Dem trennt heut unser Schwert den Lebensfaden
Durch, und eh ers denkt, sind wir bei ihm,
Und zahlen ihm, was er uns antat, heim.‹
Das sagte er, wir brachen wortlos auf,
Mutlos, bleich, und mit verstörten Blicken.
Die Route führte uns auf einen Berg,
Und da, schwer wie das Herz uns war, bedrückte
Uns, was wir sahn, noch dreimal mehr, denn, oh
Mylord, da wurden wir gewahr, wie unten,
Im Tal, die Heere aneinander lagen:
In einem Ring befestigt der Franzose,
Und jede Stellung war, zur Mitte hin,
Mit bronzenen Geschützen dick benagelt.
Hier stand ein Reiterkorps, zehntausend Mann,
Da doppelt soviel Piken, halbkreisförmig,
Hier Armbrustschützen mit den Todespfeilen,
Und mittendrin, als wie ein kleines Pünktchen
Vor einem Riesenhorizont, ein Wasserbläschen
In einem Ozean, ein Haselschößling

A Hasle wand a midst a wood of Pynes,
Or as a beare fast chaind vnto a stake,
Stood famous Edward still expecting when
Those doggs of Fraunce would fasten on his flesh
Anon the death procuring knell begins,
Off goe the Cannons that with trembling noyse,
Did shake the very Mountayne where they stood,
Then sound the Trumpets clangor in the aire,
The battailes ioyne, and when we could no more,
Discerne the difference twixt the friend and fo,
So intricate the darke confusion was,
Away we turnd our watrie eies with sighs,
as blacke as pouder fuming into smoke,
And thus I feare, vnhappie haue I told,
The most vntimely tale of Edwards fall.
Qu: Ah me, is this my welcome into Fraunce:
Is this the comfort that I lookt to haue,
When I should meete with my belooued sonne:
Sweete Ned, I would thy mother in the sea
Had been preuented of this mortall griefe.
Ki: Content thee Phillip, tis not teares will serue,
To call him backe, if he be taken hence,
Comfort thy selfe as I do gentle Queene,
With hope of sharpe vnheard of dyre reuenge,
He bids me to prouide his funerall.
And so I will, but all the Peeres in Fraunce,
Shall mourners be, and weepe out bloody teares,
Vntill their emptie vaines be drie and sere
The pillers of his hearse shall be his bones,
The mould that couers him, their Citie ashes,
His knell the groning cryes of dying men,
And in the stead of tapers on his tombe,

Inmitten eines hohen Fichtenwalds,
Oder wie ein angepflockter Bär,
Stand unser Edward, harrend, wann die Hunde
Frankreichs sich verbeißen in sein Fleisch.
Jetzt hebt, todbringend, Lärm des Endes an,
Die Mörser protzen ab, daß dumpf ergrollend
Der Berghang bebt, an dem wir Halt gemacht.
Dann läßt Trompetenschall die Luft erzittern,
Die Heere treffen aufeinander, und,
Da wir nicht Freund und Feind mehr unterschieden
Im dunkel undurchdringlichen Gewühl,
Wandten wir uns nassen Auges ab, mit Seufzern
Schießpulverschwarz den Rauch der Schlacht noch färbend.
Und so gab ich Unseliger, befürcht ich,
Bericht von Edwards allzu frühem Fall.
KÖNIGIN Weh mir, ist das Frankreichs Gruß für mich?
Ist das die Freude, die das Wiedersehen
Mit dem geliebten Sohn mir schenken sollte?
Braver Ned, ich wollte, deine Mutter
Läg im Meer, von diesem Gram verschont.
KÖNIG EDWARD Beruhige dich, Philippa, Tränen holen
Ihn nicht zurück, wenn er denn von uns ging.
Dein Trost, geliebte Königin, und meiner,
Besteht aus Rache, schneidend, nie gesehn.
Er sagt, für sein Begräbnis soll ich sorgen!
Das will ich; aber alle Peers von Frankreich
Solln Trauergäste sein, und weinen Blut,
Bis ihre Adern ledern sind und dürr.
Auf ihren Knochen ruht sein Katafalk,
Sein Grabeshügel Asche ihrer Städte,
Sein Grabgeläut Geheul der Sterbenden,
Und, statt der Fackeln, werden um die Gruft

an hundred fiftie towers shall burning blaze,
While we bewaile our valiant sonnes decease.
After a flourish sounded within, enter an herald.

He. Reioyce my Lord, ascend the imperial throne
The mightie and redoubted prince of Wales,
Great seruitor to bloudie Mars in armes,
The French mans terror and his countries fame,
Triumphant rideth like a Romane peere,
and lowly at his stirop comes a foot
King Iohn of France, together with his sonne,
In captiue bonds, whose diadem he brings
To crowne thee with, and to proclaime thee king

Ki. Away with mourning Phillip, wipe thine eies
Sound Trumpets, welcome in Plantaginet.
Enter Prince Edward, king Iohn, Phillip, Aud-
ley, Artoys.

Ki: As things long lost when they are found again,
So doth my sonne reioyce his fathers heart,
For whom euen now my soule was much perplext

Q. Be this a token to expresse my ioy,   *kisse him.*
For inward passions will not let me speake.

Pr. My gracious father, here receiue the gift,
This wreath of conquest, and reward of warre,
Got with as mickle perill of our liues,
as ere was thing of price before this daie,
Install your highnes in your proper right,
and heerewithall I render to your hands
These prisoners, chiefe occasion of our strife.

Kin: So Iohn of France, I see you keepe your word
You promist to be sooner with our selfe
Then we did thinke for, and tis so in deed,
But had you done at first as now you do,

Einhundert Türme weithin sichtbar lodern,
Wenn du und ich den tapfren Sohn beweinen.

Herold des Prinzen.

HEROLD Frohlockt, Mylord, denn Frankreichs Thron ist Euer:
Der große und erhabne Prinz von Wales,
Des roten Kriegsgotts Mars machtvoller Jünger,
Der Schrecken Frankreichs, seines Landes Zier,
Naht hoch zu Roß, gleich einem Feldherrn Roms,
Und, an seine Steigbügel gebunden,
Gehn König John von Frankreich und sein Sohn
Zu Fuß, in Fesseln; ihre Krone bringt er,
Zum König ihres Landes Euch zu krönen.

KÖNIG EDWARD Philippa, weg die Trauer, Schluß mit Tränen!
Fanfaren, heißt Plantagenet willkommen!

Prinz Edward, König John, Philip, Audley, Artois.

Wie lang Vermißtes, das sich wiederfand,
So erfreut mein Sohn das Vaterherz,
Das, seinethalb, noch eben sehr bestürzt war.

KÖNIGIN Dies sei dir ein Unterpfand der Freude,
Ich bin zu aufgeregt, um was zu sagen.

PRINZ Wollt, Vater, gnädig dies Geschenk empfangen,
Den Kranz des Siegs, die kriegrische Trophäe,
Errungen unter Einsatz unsrer Leben,
Wie nur ein Ding von Wert vor diesem Tag.
In Euer Recht setzt Eure Hoheit ein,
Und in Eure Hände überliefre
Ich die Gefangnen, Hauptgrund unsres Zwists.

KÖNIG EDWARD Ich sehe, John von Frankreich, du hältst Wort:
Bei uns sein wolltest du, eh wirs gedacht,
Und in der Tat, so ist es auch gekommen.
Warum nur hast du das nicht gleich getan?

How many ciuill townes had stoode vntoucht,
That now are turnd to ragged heaps of stones?
How many peoples liues mightst thou haue saud,
that are vntimely sunke into their graues.

Io: Edward, recount not things irreuocable,
Tell me what ransome thou requirest to haue?

Kin: Thy ransome Iohn, hereafter shall be known
But first to England thou must crosse the seas,
To see what intertainment it affords,
How ere it fals, it cannot be so bad,
as ours hath bin since we ariude in France.

Ioh: Accursed man, of this I was fortolde,
But did misconster what the prophet told.

Pri: Now father this petition Edward makes,
To thee whose grace hath bin his strongest shield
That as thy pleasure chose me for the man,
To be the instrument to shew thy power,
So thou wilt grant that many princes more,
Bred and brought vp within that little Isle,
May still be famous for lyke victories:
and for my part, the bloudie scars I beare,
The wearie nights that I haue watcht in field,
The dangerous conflicts I haue often had,
The fearefull menaces were proffered me,
The heate and cold, and what else might displease
I wish were now redoubled twentie fold,
So that hereafter ages when they reade
The painfull traffike of my tender youth
Might thereby be inflamd with such resolue,
as not the territories of France alone,
But likewise Spain, Turkie, and what countries els
That iustly would prouoke faire Englands ire,

Wie viele Städte stünden noch, die nun
Ein Haufen Steine sind, auf dem das Gras wächst?
Wie viele Menschenleben hättest du gerettet,
Die nun zur Unzeit in ihr Grab gesunken sind?
KÖNIG JOHN Edward, was dahin ist, ist dahin.
Nenn nur die Höhe meines Lösegelds.
KÖNIG EDWARD Dein Lösegeld, John, wirst du noch erfahren:
Erst sollst du übers Meer nach England mir,
Und zusehn, wies dir da gefällt – doch wie
Auch immer, so schlecht kanns nicht sein,
Wie Frankreich, seit der Landung, uns gefiel.
KÖNIG JOHN Verflucht! Das prophezeite das Gesicht
Des Eremiten, nur verstand ichs nicht.
PRINZ Nun, Vater, richtet Edward dies Ersuchen
An Euch, des Zutraun stets sein stärkster Schild war:
Daß, wie Ihr nach Gefallen mich erwähltet,
Als ein Werkzeug, Eure Macht zu zeigen,
Es vielen Prinzen, die die kleine Insel
Gebiert und aufzieht, noch gegeben sei,
Mit solchen Siegen Ruhm sich zu erwerben.
Mein Wunsch für mich soll sein, daß meine Wunden,
Samt den im Feld endlos durchwachten Nächten,
Den Fährlichkeiten, die mich oft umgaben,
Den Drohungen, vor die man mich gestellt,
Der Hitze, und der Kälte, und was sonst noch
Beschwerlich ist, sich zwanzigfach verdoppeln,
Auf daß, wenn man, in Zeiten nach uns, liest,
Welch harte Arbeit meine Jugend war,
Sich solch ein Heldenmut daran entzündet,
Daß nicht nur Frankreich, sondern gleicherweise
Spanien, die Türkei, und jedes Land,
Das Englands höchst gerechten Zorn bewirkt,

Might at their presence tremble and retire.

Kin: Here English Lordes we do proclaime a rest
an intercession of our painfull armes,
Sheath vp your swords, refresh your weary lims,
Peruse your spoiles, and after we haue breathd
a daie or two within this hauen towne,
God willing then for England wele be shipt,
Where in a happie houre I trust we shall
Ariue three kings, two princes, and a queene.

FINIS.

Vor unsrer Fahne zitternd sich verbirgt.

KÖNIG EDWARD Zunächst, ihr Herrn, tritt Waffenruhe ein:
Bedeckt die Schwerter, streckt die müden Glieder,
Verladet euer Beutegut, und haben
Wir erst 'nen Tag lang, oder zwei, im Hafen
Luft geholt, dann schippern wir, wenns Gott
Gefällt, nach England, wo wir ganz gewiß
Zu guter Stunde alle glücklich landen –
Drei Könige, zwei Prinzen, eine Queen.
                    sAlle ab.

Personen

EDWARD III., *König von England*
EDWARD, PRINZ VON WALES, *sein Sohn*
GRAF VON WARWICK
GRAF VON DERBY
GRAF VON SALISBURY
LORD AUDLEY
LORD PERCY
LODOWICK, *König Edwards Vertrauter*
SIR WILLIAM MONTAGUE
SIR JOHN COPLAND
Zwei EDELLEUTE
Ein HEROLD
MONTFORT, *Herzog der Bretagne*
GRAF ROBERT VON ARTOIS
GOBIN DE GRACE
JOHN, *König von Frankreich*
Charles, *Herzog der Normandie, sein Sohn*
PHILIP, *sein jüngerer Sohn*
HERZOG VON LORRAINE
VILLIERS, *ein französischer Adliger*
STADTHAUPTMANN *von Calais*
Ein HAUPTMANN *der Lanzenreiter*
Ein SEEMANN der *französischen Flotte*
Sechs ARME BÜRGER *aus Calais*
Sechs REICHE BÜRGER *aus Calais*
Drei HEROLDE
Fünf FRANZÖSISCHE BÜRGER
KÖNIG VON BÖHMEN
POLNISCHER HAUPTMANN
DAVID, *König der Schotten*

Graf DOUGLAS
Zwei SCHOTTISCHE SOLDATEN

PHILIPPA, *König Edwards Gemahlin*
GRÄFIN VON SALISBURY, *Tochter des Grafen Warwick*
FRAU *mit zwei Kindern*

Die Szene ist in England und Frankreich.

Anmerkungen

I, i, 9   *Phillip of Bew* – Philip le Beau, König von Frankreich, gestorben 1314; seine Tochter Isabelle war die Gemahlin Eduards II. und Mutter Eduards III.

I, i, 44   *the true shepheard of our comonwealth* – ein zentrales Thema/ Motiv aus *Thomas of Woodstock* (TW)

I, i, 82   *glasse* – glosse

I, i, 88   *yeld* – yield

I, i, 89   *borrowed plumes* – hier werden Federn mit angemaßtem sozialem Status gleichgesetzt

I, i, 91   *spight* – spite Sams, sight Delius

I, i, 140   *Mouneford* – Montford

I, i, 163f.   *Ned, thou must begin, Now to forget thy study and thy books ... Within this schoole of honor I shal learne* – biographisch leicht auf Edward de Vere zu beziehen, der Anfang der 1570er an einem Feldzug nach Schottland teilnahm

I, ii, 27   *Rods* – roads

I, ii, 29   *rust in* – rusting

I, ii, 31   *Iacks of Gymould mayle* – schottischer Dialekt (wie davor *Rods, bonny* und *whinyards* (Z.35))

I, ii, 51   *we were pricking on the hils* – eventuell ironische Anspielung auf »A gentle knight was pricking on the plain«, die erste Zeile von Spensers *The Faerie Queene*, veröffentlicht 1590, als Manuskript im Umlauf seit ca. 1587. Vgl. auch II, i, 62 »cabinet«, von Spenser benutzter Ausdruck sowohl in *The Shepherd's Calendar* (17. Dezember: »green cabinet«) als auch in *The Faerie Queene* (II. xii. 83).

I, ii, 60   *Iemmy* – schottische Ansprache von »Jimmy«

I, ii, 87   *Mo:* – in Q1 1 Zeile zu früh eingesetzt (eine der zahlreichen fehlerhaften Regieanweisungen)

I, ii, 112   *persing* – piercing

I, ii, 123   *hate* – haste Delius

I, ii, 164   *testomie* – testimony

I, ii, 166   *West* – waste Delius, Sams

I, ii, 170   *beuties* – beautie's; DF?

II, i, 2   eare – *care* Q1 (DF)

II, i, 11   *oryent all* – oriental

II, i, 21   *a misse* – amiss (auch II, v, 22)

II, i, 73   *Torters* – Tartar's

II, i, 74   *Sythian* – Scythian; Anspielung auf Marlowes seit 1587 bekannten Skythen *Tamburlaine*

II, i, 84   *an abstract or a breefe* – vgl. die berühmte Formulierung *abstract and breefe Chronicles of the time* (*Hamlet* II, ii, 45ff.), die sich bereits in Q1 findet. Hier zeigt sich eine sprachliche und chronologische Nähe

II, i, 87   *Deuise for faire a fairer word then faire* – S.s Zentralbegriff *fair* wird auch hier bewußt an zahlreichen Stellen variiert (I, ii, 105f., I, ii, 155, I, ii, 169, II, i, 26, II, i, 42, II, i, 48, II, i, 83, II, i, 118, II, i, 143, II, i, 153, II, i, 170, II, ii, 95, II, iii, 10, II, i, 89 u.ö.

II, i, 89   *Fly it a pitch aboue the soare* – Begriffe aus der Falknerei, Synonyme für den höchsten Punkt im Flug eines Falken

II, i, 93   *their praises* – thy praises Delius, Sams

II, i, 113   *The nightingale singes of adulterate wrong* – Ovids Nachtigall ist ebenfalls allgegenwärtig bei S.

II, i, 124   *descant* – gegen andere Editoren stellt Sams fest, daß ein Grundbaß improvisiert werden kann, so daß diese Stelle nicht von musikalischer Unkenntnis zeugt, sondern vom Gegenteil.

II, i, 139   *said, by said* – sand by sand Delius, Sams

II, i, 144   *line ... faults* – loue ... falts; 2 DF, interpretierbar

II, i, 155   *treason* – treasure Delius, Sams; ebenfalls als Versprecher interpretierbare Schreibweise

II, i, 158ff.   *And let me haue hir likened to the sun* – vgl. Thomas Watson und S.s Antwort in Sonett 130 (Jolly), s. auch Nachwort

II, i, 170   *louer of shades* – queen of shades Delius, Sams; ebenfalls Versprecher

II, ii, 28   *in profe* – *in prose* D1, DF

II, ii, 70   *of a yonger house* – in der Erbfolge untergeordnet

II, ii, 74   *annointed for a king* – eine für S. typische, in allen Königsdramen wiederholte zentrale Vorstellung (vgl. TW, R2 u.a.)

II, ii, 90   *O that I were a honie gathering bee* – ausgeprägt euphuistischer Stil

II, ii, 95   *To strike* – too strict

II, ii, 100   *a waie* – away

(derartige Trennungen finden sich sehr häufig im Satz von E3)

II, iii, 4   *comber* – cumber

II, iii, 13   *carectred* – character'd

II, iii, 31   *accomplish* – account Delius, Sams
II, iii, 32   *answere* – unsweare Delius, Sams
II, iv, 3   *promise* – presence Delius
I, iv, 22   doth – DF *goth* Q1
II, iv, 24f.   *Achilles speare* – Diese Legende berichtet nicht nur Ovid (*Metamorphosen* XIII, 171-2), sondern auch Shakespeare in *Heinrich VI/2*, V. i. 100: »Achilles' spear ... is able ... to kill and cure«.
II, iv, 80   *gloomie daughter* – glory, daughter Delius, Sams
II, iv, 83   *Lillies that fester, smel far worse then weeds* – wörtlich in Sonnet 94, hier ist die Nähe besonders spürbar, eins von beiden ist Selbstzitat
II, v, 9   *What newes ...* – in Q1 King Edward zugeschrieben, DF
II, vi, 17   *braces* – technischer Begriff für Riemen, die die Spannung eines Trommelfells und somit seine Tonhöhe kontrollieren
II, vi, 61   *sweete* – sweep Delius
II, vi, 67   *The Dolphin* – diese Schreibweise von »Dauphin« findet sich in Fabians *Chronicles* von 1516, im *Mirror for Magistrates* von 1559 und insbesondere auch beim frühen Shakespeare, speziell in den *Famous Victories of Henry the Fifth* (Sams)
II, vi, 69   *Thy mother is but blacke ... foule* – dies assoziiert unmittelbar die *dark lady* (s. Nachwort) und das Leitmotiv *foul is fair* (*Macbeth*)
II, vii, 8   *render* – tender Delius
II, vii, 23   *louing* – DF loning Q1
II, vii, 46   *Starre-chamber* – »dieses mächtige, wenn auch anachronistische Bild des nächtlichen Himmels bildet den passenden Höhepunkt einer ausgedehnten juristischen Metapher. Zweifellos war der Dramatiker mit dem gefürchteten Gerichtshof der Tudors im Palast von Westminster vertraut, der so genannt wurde, weil seine Decke mit Sternen verziert war.« (Sams)
II, vii, 93   *Marshall* – martial Delius, Sams; vgl. III, i, 11
III, i, 38   *drum stricke* – Var. domestic (Capell)
III, i, 61   *game* – gain
III, i, 67   *Bayardlike* – Bayard war das legendäre Pferd des legendären Karl des Großen; der Name steht für blinde Verwegenheit (Sams)
III, i, 74   *Armado* – wohl eine Anspielung auf die spanische Flotte von 1588 (allerdings seit 1585 in Bau und Jahre davor geplan); vgl. III, i, 69f. »swallowed ... hacked«, vielleicht einen Anspielung auf das Schicksal der Armada-Besatzungen an der irischen Küste
III, i, 82   *Figuring the homed Circle of the Moone* – Die Schlachtformati-

on der Armada war laut einem zeitgenössischen Bericht »after the manner of a moon crescent« – in Halbmondformation.

III, i, 89   *Flewer de Luce* – flower-de-luce, Iris

III, i, 111   *cost* – coast

III, i, 145   *fauoring* – DF sauoring Q1

III, i, 146   *thither* – th'other

III, i, 176   *dissuuered* – dissever'd

III, i, 188   Nom per illa

III, i, 189   *blacke snake of Bullen* – Boulogne schickte ein Schiff in die Schlacht von Sluys, aber keins mit diesem Namen (Sams)

III, i, 198   *rainge* – range

III, i, 200   *perst* – pierc'd

III, ii, 18   *the Grashopper* – ein weiteres euphuistisches Lehrgedicht

III, ii, 62   *I tourned but a side I like wise* – turned but aside I likewise; das »I« am Anfang wird von den Editoren (Delius, Proudfoot) als überflüssig gestrichen

III, iii, 26   *feild* – field; s. o. II, ii, 103

III, iii, 36   *coult* – colt; für S. Bezeichnende aristokratische Pferdemetapher

III, iii, 40   *owers* – hours

III, iii, 70   *Thy – They* Q1 wohl DF

III, iii, 83   *foile* – soil Delius, Sams

III, iii, 140   *Fiue hundred yeeres* – also seit dem 9. Jahrhundert. Als Nachkommen Karls des Großen verstanden sich alle europäischen Adelshäuser der Zeit, die auf sich hielten, auch die de Veres.

III, iii, 146   *knowes the time* – now's the time, DF?

III, iii, 181   *tipe* – type

III, iii, 217   *persaging* – presaging

III, iii, 227   *this ... rainged* – thus ... ranged

III, iii, 228   *vowarde* – vaward

III, iv, 67   *huggard* – Ein Falke, beim Flug verwirrt oder gestört, wird wild und eigensinnig, ein »haggard«. Vgl. de Veres berühmtestes Gedicht »Woman's Changeableness«, das J. T. Looney zur Identifizierung Shakespeares verhalf

III, iv, 98   *Whom you sayd* – Var. Whose thousands (Capell); Sams erwägt auch ›when thousands‹

III, iv, 108   *craud* – carved

II, iv, 134   *A Pellican* – Johann von Gaunt spielt in *Richard II.* auf Edward III. und den Schwarzen Prinzen an und assoziiert sie mit dem verwundeten Pelikan II, ii [i], 130ff.

IV, i , 21   *Villeirs* – die Schreibweisen wechseln in Q1 (5 Villeirs, 7 Villiers)

IV, ii, 57   *greouously* – grievously

IV, iii, 45   *honorable minde* – der Ehrenbegriff »honest«; lt. Eric Sams und dem *Oxford English Dictionary* zum erstenmal in *Julius Cäsar* III.ii.82 auf Personen angewendet; in *Edmund Ironside* 634 findet sich aber bereits »honourable minds«.

IV, iii, 70   *ray* – array

IV, iv, 42   *Then all the world...* – steht in Q1 2 Zeilen weiter unten, DF

IV, iv, 102   *capring* – carping

IV, v, 1   *defast* – defaced

IV, v, 76   *Ch. – Vil.* Q1, DF

IV, v, 106   *presidents* – precedents

IV, vi, 17   *My soule doth prophesie* – vgl. Hamlets *propheticke soule* und das *book of prophecies* de Veres (Feldman)

IV, vii, 5   *vanting* – vaunting

IV, vii, 34   *drinke the blood* – vgl. Feldman zum Thema Kannibalismus bei S., besonders auffällig auch in der Urfassung von *King Leir*

IV, vii, 43   *loyall* – Var. royal Delius

V, i, 220   *How ere* – however

Nachwort

Zu dieser Edition

Im Nachwort zum ersten Band dieser Ausgabe (*Timon aus Athen*) haben wir die Prinzipien unserer Edition festgelegt und ausführlicher die Entscheidung begründet, auf den englischen Originaltext zurückzugehen. Zusammengefaßt:

* Als englischer Text wird der bestverfügbare Originaltext des Stücks weitgehend wort- und zeichengetreu dargeboten. In diesem Falle die erste Quartoausgabe (Q1) von 1596.

* Die Übersetzung ist auch ein zusätzlicher Kommentar zum englischen Text, der den Leser in der Regel den Sinn des Originaltextes weitgehend erfassen läßt und bei Zweifelsfällen eine Erläuterung ersetzen kann.

* Fast alle – bei Shakespeare häufiger als bei jedem anderen Autor zu findenden – seltenen Ausdrücke sind in der Orthographie nahezu identisch mit der heutigen Schreibweise (abgesehen von dem auf den ersten Blick merkwürdig anmutenden historischen Gebrauch des »u« und »v«), was daran liegen mag, daß die sperrigen Vokabeln des Urtextes heute fast immer noch dieselben sind wie vor mehr als 400 Jahren – und heute genauso selten wie zur Shakespeare-Zeit. Mit anderen Worten: altertümlich anmutende Wörter sind nicht durch altertümliche Schreibweise fremd, sondern durch ihre Seltenheit, ja Einzigartigkeit. Nach etwas Gewöhnung wird dies nicht mehr als Problem empfunden werden, sondern als Gewinn.

Zum Stück

Textgrundlage

Am 1. 12. 1595 ließ der mehrmalige Shakespeare-Drucker Cuthbert Burby (der bereits am 2. 5. 1594 *The Taming of a Shrew* druckte) ohne Nennung eines Verfassernamens das Stück »Edward the Third and the blacke prince their warres wth king Iohn of Fraunce« (Q1) ins *Stationers' Register* eintragen, das dann 1596 veröffentlicht wurde. 3 Jahre später wurde der Eintrag erneuert (»Imprinted at London by Simon Stafford for Cuthbert Burby«); 1609, 1626 ebenfalls. Das Buch fand keinen Eingang in eine Folioedition der Werke Shakespeares.

Q1 ist verglichen mit späteren Quartoausgaben recht nachlässig gedruckt; offensichtlich hat der Verfasser die zahlreichen, meist als »bad quarto« abgewerteten, in der Regel anonymen frühen Drucke seiner Dramen noch nicht so sorgfältig redigiert wie die späteren Editionen spätestens ab 1598, als *Love Labour's Lost* mit dem ausdrücklichen Vermerk *newly corrected and augmented By W. Shakespere* erschien.

Quellen

Für *Edward III.* ist außer Holinshed eine historische Quelle offensichtlich auch Froissart. In *Heinrich VI., Teil 1* (I, ii, 38f.) sagt ein Franzose:

Froissard, ein Landesmann von uns, bezeugt,
England trug lauter Olivers und Rolands
Zur Zeit, als Eduard der Dritte herrschte.

Die Chroniken von Froissart (französische Erstausgabe 1513, englische Übersetzung 1523-5) und Holinshed (1577, 2.

Aufl. 1587) sind sehr umfangreiche Werke. Daß sie Shakespeare für seine Historien gebraucht hat, ist unbezweifelt. Ein Satz von Eric Sams – »Shakespeares hauptsächliche historische Quelle [Holinshed] scheint *Edward III.* mit den Namen bestimmter französischer Städte und der Gegenwart des Kommandanten Chatillon versorgt zu haben« – sollte genügen, um die Natur dieses Gebrauchs zu verdeutlichen.

Roger Priors Hypothesen zu handschriftlichen Anmerkungen und vermeintlichen Anspielungen im Froissart-Exemplar der British Library sind nicht nachvollziehbar; der vermutete Vorbesitzer »Henry Carey, Lord Hunsdon, ... Lord Chamberlain from 1585 ... in his own copy of Froissart's *Chroniques*, which is preserved in the British Library« wird von der B. L. (Internetsuche) nicht bestätigt. Zu schön um wahr zu sein. Stattdessen fällt bei Analyse der Quellenverwertung auf, daß hier (wie noch eklatanter in *Richard II.*, dessen bester Freund ganz auszensiert wurde) der an nahezu *allen* Orten des Geschehens (nicht nur in Schottland) immer mitbeteiligte John, 7. Graf von Oxford (V. Anderson, s. Anhang) namentlich völlig ausgeblendet wurde. Es ist die Geschichte eines unsichtbaren Dritten, die aus dem Stück herausgenommen wurde – so wie ja der Verfasser sich selbst aus seinem Werk wegretuschiert hat.

Verfasserschaft

Seit Edward Capel (1760) wird das anonyme Stück in zunehmendem Maße ganz oder teilweise Shakespeare zugeschrieben. Insbesondere Ludwig Tieck setzte sich mit seiner Edition sehr für das Stück ein, fand aber seinerzeit dafür wenig Verständnis (vgl. E3 1998). Nach der vehement Shakespeares Verfasserschaft nicht nur vertretenden sondern auch sehr ausführlich belegenden Pionieredition des ansonsten ja wenig respektierten Außenseiters Eric Sams (seine Zuschreibung von *Edmund Ironside* wird immer noch ignoriert) aus dem Jahre 1996 entstand zeitweise ein kaum nachvollziehbarer Hype um die Erweiterung des sogenannten Kanons um dieses Stück (vgl. meine Dokumentationen im NSJ). Gnädigerweise billigte man seitdem, auch gemäß der neuerdings beliebten *Co-Author*-These, Shakespeare mindestens etwa 40% des Stückes zu (Vickers). Die bekannte *Arden Edition* und andere haben sich inzwischen der Zuschreibung angeschlossen und seitdem kann man mit der Behauptung des Gegenteils kaum noch publicity gewinnen.

Die *Co-Autoren* sind in der Regel Phantome: wer hat irgendeine konkrete Vorstellung von Leuten wie Kyd, Peele oder gar Wilkins? (Wenn es nicht so wäre würde man eine Figur wie Lodowick einem aus der Reihe zuordnen können; so lesen sich die Lodowick-Szenen wie eine vorgenommene Satire auf diese Debatte.) Munday hingegen war Sekretär Edward de Veres und wird ohne weiteres redaktionell gearbeitet haben, aber Eckermann wird ja auch nicht als Mitverfasser des Goetheschen Werkes angesehen. Der mit Abstand Interessanteste aus dieser Reihe wäre Christopher Marlowe; *Arden of Feversham* ist laut A. Bronson Feldman sein Werk, *Edward II.* offensichtlich eine am Muster von *Richard II.* entlang geschriebene Auftragsarbeit, um (wie Peeles *Edward I.*) die Lücke der Königsdramen zwischen *King John* und *Edward III.* auszufüllen. Solch eine Gemeinschaftsarbeit in der Art moderner Serienproduktionen wäre leicht nachvollziehbar; im Falle von *Edward III.* ist jedoch gerade das besonders interessant, was nicht aus einer *factory* stammen wird: die ganz persönliche, ja *private* Gräfin-Episode. Warum sollte irgendein noch so begabter Mitarbeiter de Veres sich an einem

Thema abarbeiten, das ein Spiegel des Innenlebens seines Auftragsgebers ist? Die ganze Verfasserschaftsdiskussion läuft auf die Beantwortung solcher Fragen hinaus.

Zur Entstehungsgeschichte

Edward III. ist ein politisch eindeutiges Stück: Kriegsverherrlichung, Abwertung anderer Nationen, Lob von Heldenmut und Opferbereitschaft, Motivation der Massen für einen »gerechten« Krieg etc. Seine Entstehung ist vor den Schlachten zu vermuten, für die es das Volk begeistern sollte, also seit 1584, auf jeden Fall aber vor 1588. Die eher undeutlichen Anspielungen auf die Armada können als ein späterer Zusatz gewertet werden (wie auch *Love Labour's Lost* nicht nur anhand der Namens Don Armado datiert werden kann).

Shakespeares schätzte sein eigenes Theaterschaffen als etwas ein, dessen er sich zu schämen habe:

> *I am shamed by that which I bring forth,*
> *And so should you, to love things nothing worth.*
> (Sonett 72)
> *... public means which public manners breeds*
> *Thence comes it that my name receives a brand*
> (Sonett 111)

Dieses »Pöbelgeld, verdient durch Pöbelsitte« mag sich auch auf die Stellen in *Edward III.* beziehen, dessen beleidigende Stellen über die Schotten noch einige Jahre später (am 15. April 1598) zu einer Beschwerde eines Korrespondenten aus Edinburgh an Lord Burghley führten:

> that the comedians of London should scorn the king and people of [Scotland] in their play; and it is wished that the matter should be speedily amended lest the king and the country should be stirred to anger

[daß die Londoner Komödianten den König und das Volk Schottlands in ihrem Stück verächtlich machen sollen, und es wird gewünscht, daß die Angelegenheit schleunigst behoben werde, damit nicht der Zorn des Königs und des Landes erregt werde] (Chambers 1923, 0.323).

Gemeint ist James VI., der 1603 als James (Jakob) I. König von England wurde. 1605 ließ er George Chapman für abfällige Bemerkungen über die Schotten in seinem Stück *Eastward Ho* ins Gefängnis sperren. Es kann vermutet werden, daß *Edward III.* aus diesen Gründen 1623, als James noch regierte, nicht in Shakespeares erste Werkausgabe aufgenommen wurde (für *Macbeth* jedoch, das die Schotten auch nicht gut aussehen läßt, galt dies nicht).

In der Figur Edwards III. wird deutlich ein Konflikt dargestellt: eigentlich interessiert ihn am meisten die Affäre mit der Gräfin Salisbury, von der er letztlich nur mit theatralisch drastischen Mitteln abzuhalten ist. Es verwundert nicht, daß die unleugbar shakespearianischen Akte I und II letztlich zur Anerkennung des Stückes geführt haben. Jeder Shakespeare-Kenner wird dabei die Bezüge auf die *Dark Lady*-Sonette herausgehört haben:

My mistress' eyes are nothing like the sun (Sonett 130)

Dies ist eine eindeutige Zurücknahme der Schwärmerei von II, I, 158–166:

And let me haue hir likened to the sun,
Say shee hath thrice more splendour then the sun,
That her perfections emulats the sunne,
That shee breeds sweets as plenteous as the sunne,
That shee doth thaw cold winter like the sunne,
That she doth cheere fresh sommer like the sunne,

196

That shee doth dazle gazers like the sunne,
And in this application to the sunne,
Bid her be free and generall as the sunne

Eddi Jolly hat nachgewiesen, daß Sonett 130 eine präzise Parodie eines Huldigungssonettes von Thomas Watson aus dem Jahre 1582 ist, geschrieben im selben euphuistischen Wiederholungsstil (13 Verse beginnen mit *Her...*) wie das Sonett in *Edward III.*

An anderer, ebenso emotional unterfütterter Stelle dringt der Bezug auf die *dark lady* über die Haarfarbe des schwarzen Prinzen an die Oberfläche:

> *Thy mother is but blacke, and thou like her.*
> *Dost put it in my minde how foule she is* (II, vi, 69f.)

Sun/sunne assoziiert immer auch *son*, Sohn, und somit, mehrfach assoziiert, steht eine *dark lady* nicht nur hinter der Gräfin sondern auch hinter Edward, dem schwarzen Prinzen.

In the old age black was not counted fair (Sonett 127)

Oxfordianer lösen solche oberflächlichen, in der Psychologie des Unbewußten nicht ungewöhnlichen Widersprüche auf, indem sie darauf hinweisen, daß Edward de Veres (schwarzhaarige) Geliebte Anne Vavasor, die ihm 1581 einen unehelichen Sohn Edward gebar (weshalb er zeitweise in den Tower gesperrt wurde und sich 1582 mit ihrem Onkel duellierte), sowohl hinter der Gräfin steht als auch als Mutter hinter dem schwarzen Prinzen.

Spätestens 1582 kehrte de Vere zu seiner Ehefrau Anne zurück, die ihm 1583 einen früh verstorbenen Sohn und 1584 eine zweite Tochter gebar. Seine zunehmende Beteiligung an militärischen Unternehmungen beginnt ebenfalls in dieser Zeit, begleitet von expansiven theatralischen Aktivitäten. Von daher ist der Zeitraum 1582-84 als Entstehungszeitraum von *Edward III.* plausibel und gleichzeitig läßt sich die Wandlung Edwards vom heftig verliebten Erotomanen zum pflichtbewußten Patrioten –

I am awaked from this idle dreame (II, vii, 81) –

als zentrale Klammer des Stückes sehr gut am Leben de Veres festmachen.

Einige Oxfordianer (z.B. Malim) finden im Stück genau wie zahlreiche Strafordianer (insbesondere Tieck, auch Sams) ebenfalls deutliche Spuren einer noch früheren Entstehung und erklären damit zusätzlich seine vermeintlichen, immer wieder zur Abwertung herangezogenen »Schwächen«. Das Stück enthalte zahlreiche »characteristics ... very old fashioned in 1590« (Malim 459, *in extenso* Sams 193-7). Demnach wäre es »an apprentice effort, revised later« (ebd.), was man ja auch von anderen Frühfassungen der Königsdramen anzunehmen gute Gründe hat. Es verweist demnach bis in die 1570er Jahre zurück.

Was übrigens die immer wieder behauptete und nie belegte generelle Minderwertigkeit des Stücks betrifft, so kann ich diese nicht bestätigen: das Stück ist sprachlich und thematisch auf der Höhe der anderen Königsdramen.

Die Figuren aus *Edward III.* waren (nicht verwunderlich für den obersten Peer seines Landes) ihm seit der Kindheit auf besondere Weise vertraut (natürlich auch aufgrund des selben Vornamens, was für ein Kind immer anregend wirkt). Charles Bird hat auf geschnitzte Figuren aus der Zeit des 7. Earls hingewiesen, die sich auf einer Chorschranke in der Church of St. Nicholas finden. Neben anderen Gestalten aus den Königsdramen finden sich dort auch Edward und seine

Philippa. Die Kirche gehört zur Anlage des Castle Heding-
ham, dem Stammsitz der de Veres, auf dem Edward bis 1562
lebte.

Uwe Laugwitz

Literatur

(Anderson) Anderson, Verily: *The de Veres of Castle Heding-
ham*. Lavenham/Suffolk 1993.
(Bird) Bird, Charles J.: King Edward III at Castle Heding-
ham. *De Vere Newsletter* Feb. 2003, p. 12-15
(E3 1998) Shakespeare, William: *Edward III./Eduard der
Dritte*. Zweisprachige Ausgabe, übers. von Ludwig Tieck.
Verlag Uwe Laugwitz, Buchholz 1998 [Der unbekannte
Shakespeare I]
(Feldman) Feldman, A. Bronson: *Early Shakespeare*. Editor:
Warren Hope. Laugwitz Verlag, Buchholz 2019
Shakespeare, Marlowe, and Other Elizabethans. Editor: War-
ren Hope. Laugwitz Verlag, Buchholz 2022

(Jolly) Jolly, Eddi: Ein Vorbild für Sonett CXXX? In: *Neues Shake-speare Journal* 8, Buchholz 2003, S. 128–130

(Laugwitz 1999) Uwe Laugwitz: *Edward III.* im Spiegel nicht nur der Presse. In: *Neues Shake-speare Journal* 4, Buchholz 1999, S. 167–181

(Malim) Malim, Richard: *Edward III.* In: Gilvary, Kevin (Hrsg.): Dating Shakespeare's Plays, Turnbridge Wells 2010, S. 455–460

(Prior): Prior, Roger : Was *The Raigne of King Edward III* a Compliment to Lord Hunsdon? In: *Connotations* Vol. 3.3 (1993/94)

(Sams) Sams, Eric (Hrsg.): *Shakespeare's Edward III.* An early play restored to the canon. Yale University Press, New Haven and London 1996

(Sams 1999) Sams, Eric: Zur Geschichte der Ansichten über *Edward III.* In: *Neues Shake-speare Journal 3*, Buchholz 1999, S. 41–55 (Übersetzung aus Sams 1996)

(TW) *Thomas of Woodstock/Die Historie von Thomas von Woodstock.* Deutsch von Dietrich Schamp. Laugwitz Verlag, Buchholz 2006 [Der unbekannte Shakespeare II]

Anhang

Verily Anderson über den 7. Grafen von Oxford

John, der 7. Graf von Oxford, war zwanzig, als er Eduard III. huldigte [...]. John de Vere gelangte zu einer Zeit an den Hof, als die Herrschaft Eduards III. eine relativ stabile Phase durchlief und ihr ritterlicher Charakter, für den sie berühmt ist, sich zu verfestigen begann. [...] Aber Turniere zum Training und zum Vergnügen genügten Eduard III. nicht; er bereitete sich auf das vor, was im Rückblick ›der hundertjährige Krieg‹ genannt wurde [...]. Es war eine Angelegenheit, von der man annehmen konnte, daß die öffentliche Meinung sie respektiert; Eduard verband Titel und Wappen Frankreichs mit seinem eigenen und hatte wenig Schwierigkeiten, Gelder einzutreiben und ein großes Heer zu sammeln, das bereit war, in – wie sich herausstellen sollte – einer Reihe von berühmten Schlachten zu kämpfen. [...]

John, der 7. Graf von Oxford, begann seine militärische Karriere in Schottland und war einer der Gewährsmänner für König Eduards Bedingungen bei der Kapitulation von Berwick im Jahre 1333. [...]

Der Graf von Oxford [...] diente als Wächter für einen Teil der südöstlichen Küste, als die Franzosen ihre gewaltige Flotte für eine Invasion Englands vorbereiteten. Oxford stach in Diensten des Königs mit drei Schiffen in See – einige Monate vor der berühmten ersten Schlacht des hundertjährige Krieges, als die Engländer vor der Küste von Sluys in Belgien zweihundert französische Schiffe zerstörten. Oxford war zu jener Zeit bereits in Flandern gelandet, um der Kampagne an Land beizustehen.

1340 setzte Oxford in entgegengesetzter Richtung wieder einmal nach Schottland über, um an einer Expedition zur Befreiung von Schloß Lochmaben teilzunehmen. Einige Monate später stach er mit drei großen Schiffen in Diensten des Königs in See. [...] Der König sandte Mitte Juni 1345 den 7. Grafen von Oxford erneut in die Bretagne [...]. Am 30. September besiegten sie eine weitaus größere Streitkraft unter Charles de Blois. [...]

Auf seiner Heimreise scheiterte Oxfords Schiff an der Küste von Connaught, wo die Iren dem Grafen und seinem Gefolge alle Habseligkeiten raubten. Wie sie ihr Zuhause erreichten, ist nicht überliefert, aber im darauffolgenden Sommer segelte er unbeeindruckt wieder mit dem König, der seine Armee in St. Vaast anlandete und sie über die Cotentin-Halbinsel auf Crécy zu marschieren ließ. Der Graf von Oxford, nun ›Chief Chamberlain of the Kings of England‹ genannt, wurde zum Kommandeur der 1. Division in der bevorstehenden Schlacht ernannt.

Der französische König rückte aus Rouen vor, um die Engländer von den Flamen, die von Ypern her anrückten, zu trennen. Die Engländer überquerten die Seine und bestachen einen Gefangenen, ihnen einen überschwemmten Damm im Mündungsarm der Somme zu verraten, den sie bei Ebbe in hüfthohem Wasser überquerten. Die Bogenschützen, ihre Bögen auf den Köpfen tragend, um sie trocken zu halten, wateten durch das meilenweite Gewässer, gefolgt von Rittern auf ihren Pferden. Das andere Ufer wurde von einer starken französischen Einheit gehalten. Oxford befahl den englischen Bogenschützen, noch im Wasser ihre Pfeile in Anschlag zu bringen und dann ins tiefere Gewässer beiseite zu treten, um das berittene Heer durchzulassen. Die Franzosen wurden zum Rückzug gezwungen, und mit der Flut schlug die englische Armee ihr Lager im Wald von Crécy auf.

Eduard III. bezog in einer Windmühle Station, die einen weiten Ausblick auf das Tal bot, auf dem die große Schlacht stattfinden sollte. Der sechzehnjährige Prinz von Wales wurde zum Kommandanten einer Division ernannt. Der Plan sah vor, die französischen Angreifer in zwei sich verengende Röhren zu zwingen, aber erst am Nachmittag kam Philips immense Streitmacht aus den Wäldern heraus. Das französische Heer verachtete Infanteristen und sah in den Rittern den einzig wertvollen Teil einer Streitmacht. Die Engländer kämpften zu Fuß.

Ein romantisierender Bericht beschreibt, wie französische Ritter in einer dichten, glitzernden Reihe massiver Rüstungen heranritten, mit Helmbüschen winkend und Lanzen schwingend. Tatsächlich torkelten sie durch Verwundete und trampelten die Sterbenden nieder. Zeitweise fürchtete man um die Sicherheit des jungen Prinzen von Wales, der zu Fuß kämpfte, aber als ein Hilfsappell an den König gerichtet wurde, äußerte er einen seiner bekanntesten Sprüche: ›Laßt den Jungen seine Sporen verdienen‹. Er tat dies mit dem Sieg von Crécy.

Im folgenden Jahr verließ Oxford wieder das Land, um dem König bei der Belagerung von Calais beizustehen, als die Franzosen einen letzten Versuch machten, die Stadt zu befreien. Er wurde mit dem Grafen von Pembroke zurückgeschickt, um mehr Pferde zu kaufen, doch am 14. Mai wurden sie angesichts eines drohenden Angriffs hastig zurückberufen. Der Hunger zwang Calais zur Kapitulation; das Eingreifen von Königin Philippa, verewigt durch Rodins gigantische Skulptur, rettete den Bürgern das Leben. [...]

Nach seinem Doppelerfolg von Crécy und Calais entwarf König Eduard für sich und die Ritter seiner neuen Tafelrunde mit dem St. Georgskreuz bestickte Hosenbänder aus königlichem Blau. Eine populäre Legende berichtet, daß die Gräfin von Salisbury bei einem Hofball zufällig ihr Hosenband fallen ließ. Der König hob es auf und lenkte die Aufmerksamkeit der Gäste galant von der Dame ab, indem er das blaue Band um sein eigenes Knie band, wobei er die scherzhafte Bemerkung *Honi Soit Qui Mal y Pense* von sich. Alle Ritter des Hosenbandordens tragen seitdem mit diesem Motto bestickte Hosenbänder. [...]

Trotz eifriger Versuche, Frieden zu schließen, die vom Papst und den zunehmend verarmenden englischen Adligen unterstützt wurden, erhob König Eduard im Frühling 1355 weitere Gelder, um Flotten, Männer, Pferde und Vorräte zu sammeln.

Der 7. Graf von Oxford segelte zusammen mit dem schwarzen Prinzen nach Bordeaux in Frankreich, um die 2. Division auf einem Stoßtrupp durch die steilen Hügel und Täler des Languedoc zu kommandieren, ein Gebiet, das dem schottischen Hochland nicht unähnlich ist. Nach einer zweimonatlichen Expedition, die sich mehr durch Plünderung und Terror als durch Rittertum hervortat, kehrte die Truppe des Prinzen nach Bordeaux ins Winterquartier zurück, um auf das zweite Expeditionsheer zu warten. Dieses wurde von dem Veteranen Henry, Herzog von Lancaster angeführt, der wie König Eduard von schlechtem Wetter und einer anfänglich erfolglosen Landung aufgehalten wurde. König Eduard schiffte seine Streitkraft erneut ein, landete wieder in Cherbourg und marschierte südwärts, um mit dem schwarzen Prinzen zusammenzutreffen, der bereits von Bordeaux aus nordwestlich im Anmarsch war.

König Johann hatte mittlerweile eine umfangreiche Verteidigungstruppe versammelt, und beide Seiten waren für eine Feldschlacht gerüstet, von der sich König Johann erhoffte, die Engländer aus Frankreich vertreiben zu können. Sie sichteten einander zum erstenmal in der Nähe von Poitiers.

Mit Sonnenaufgang des 19. September 1356, einem Montag, ungefähr zwei Meilen südöstlich der felsigen Hochebene von Poitiers, erklangen die ersten Trompetensignale und auf dem bereits schlammigem, matschigen Boden begann die berühmte Schlacht.

Der schwarze Prinz ließ zwei Bataillone vor sich und eines hinter sich aufmarschieren, jedes mit Bogenschützen in Sägezahnformation. Der Graf von Oxford war Mitkommandant der 1. Division. Der Prinz kommandierte die Nachhut. Die Franzosen attackierten von den Flanken und führten einen Frontalangriff aus. Aus verborgenen Stellungen schießend, geschützt von aus dem Sattel gehobenen Rittern und Soldaten zu Fuß, zielten die Bogenschützen, auf eine schnelle Anweisung des Grafen von Oxford hin, auf die unbewehrten Rümpfe der Pferde. Jeder seiner sehr gut geschulten Langbogenschützen war in der Lage, bis zu zwölf Pfeile pro Minute abzuschießen. Die Pferde bäumten sich auf, warfen ihre Reiter ab und ›richteten ein großes Geschlachte‹ unter ihnen an. In einem Gewirr aus getöteten und verwundeten Pferden und Menschen wütete die Schlacht mit Schwert, Lanze, Streitaxt und vielen Kämpfen Mann gegen Mann. Verbrauchte Pfeile wurden wiederbenutzt und alles, was vielleicht tödlich wirken konnte, wurde aufgehoben und geworfen.

Am frühen Nachmittag wurde König Johann im Gesicht verwundet und gefangengenommen. Er verlangte, zu seinem Cousin Prinz Eduard geführt zu werden. Nun setzte die Flucht ein und viele begaben sich in Gefangenschaft, insbesondere von jenen Überlebenden, die es sich leisten konnten, Lösegeld zu zahlen.

Die Franzosen waren besiegt. Der geschickte Einsatz der Bogenschützen durch den Grafen von Oxford wurde als entscheidender Beitrag zum siegreichen Ausgang der Schlacht angesehen.

Steckels Shake-Speare
Editionsplan

The Life of Tymon of Athens/Timon aus Athen (2013)
The Tragedie of Macbeth/Die Macbeth Tragödie (2013)
The Tragedie of Anthony and Cleopatra/Antonius und
    Cleopatra (2013)
The Tragoedy of Othello, the Moore of Venice/Die
    Tragödie von Othello, dem Mohren von Venedig (2014)
A Midsommer Nights Dreame/Ein Mittsommernachtstraum
    (2014)
As you Like it/Wie es euch gefällt (2014)
Loues Labour's lost/Verlorene Liebesmüh (2015)
The Life and Death of King John/Leben und Sterben des
    Königs John (2016)
The Tempest/Der Sturm (2017)
Cymbeline King of Britaine/König Cymbeline (2017)
The Tragedie of King Richard the second/Die Tragödie
    von König Richard II. (2018)
The Tragedie of King Lear/Die Tragödie von König Lear
    (2019)
Twelfe Night, Or what you will/Die zwölfte Nacht oder
    Was ihr wollt (2021)
The Tragedie of Hamlet, Prince of Denmarke/Die Tragödie
    von Hamlet, Prinz von Dänemark (2022)
The Raigne of King Edward the third/Die Regierung des
    Königs Edward III. (2023)

★ ★ ★

The most lamentable Tragedie of Romeo an Iuliet/Die
    Tragödie von Romeo und Julia